改变，从心开始

立 品 图 书 · 自觉 · 觉他
www.tobebooks.net
出 品

韩国的故事

［日］水野俊平 **著**
［韩］李景珉 **审校**
于 雷 **译**

中国友谊出版公司

图书在版编目（CIP）数据

韩国的故事 /（日）水野俊平著 ；于雷译. -- 北京：中国友谊出版公司，2015.12
ISBN 978-7-5057-3641-2

Ⅰ. ①韩… Ⅱ. ①水… ②于… Ⅲ. ①韩国—历史—通俗读物 Ⅳ. ①K312.609

中国版本图书馆 CIP 数据核字（2015）第 296606 号

书名 韩国的故事
作者 ［日］水野俊平
译者 于雷
出版 中国友谊出版公司
发行 中国友谊出版公司
经销 新华书店
印刷 三河市华晨印务有限公司
规格 787×1092 毫米 16 开
16 印张 170 千字
版次 2016 年 3 月第 1 版
印次 2016 年 3 月第 1 次印刷
书号 ISBN 978-7-5057-3641-2
定价 36.00 元
地址 北京市朝阳区西坝河南里 17 号楼
邮编 100028
电话 （010）64668676

前言

日本与韩国可以说是一衣带水的邻邦，日本列岛与朝鲜半岛之间有着深厚的渊源。当然，这种渊源既是一种相互间交流与善邻的历史，又是一种相互间不和与战乱的历史，而在最近，随着日韩之间各个方面交流的进展，即使是在以前对日本史和韩国史并不关心的普通人之间，就日本与韩国之间历史所进行的议论也活跃了起来。不过，日本人所拥有的关于韩国史的知识是非常零碎的。其知识主要集中于古代史和近现代史，特别是从甲午农民战争（过去称之为“东学党之乱”）到日本殖民地时期。也就是说，普通的日本人所知道的韩国（朝鲜）的历史，大多只不过是以百济为首的古代朝鲜半岛诸国给日本带来的政治和文化的影响、蒙古和高丽的联合军对日本的进攻（“元寇”）、文禄·庆长之役、朝鲜通信使、甲午农民战争、日清·日俄战争、日韩合并、殖民地时代、日韩基本条约等等这些历史上的“点”的连续。最近，出现了单单抽取出古代的文化传播、朝鲜通信使等日韩史中特别成为“友好”象征的现象加以强调，来加深相互的历史理解的动向，但其仍然属于片断性的历史记述。这样的情况在韩国也是一样，普通的韩国人所知道的日本历史，大多是以日本如何受益于韩国的文化、日本又如何给韩国带来灾难为中心内容展开描述的。这从韩国的国民感情角度来看，可以说是当然的事情，但是，不得不说其也属于片断性的记述。这样一来，即使日本人与韩国人相遇，也无法展开有建设性的历史议论。

虽然日本与韩国同属于东亚国家，属于相邻国度，但是，其历史的脉络是完全不同的。在韩国，百济、新罗、高句丽三国之中，新罗以吞并灭亡他国的形式完成了统一，而高丽又灭亡了统一后的新罗，其后高丽又为朝鲜所灭，朝鲜又被日本所合并，反复重复着王朝的兴亡过程。在日本，虽然存在被称为“天皇”的国王，但是镰仓时代以后，实际的政权被“幕府”所掌握，反复重复着兴衰的并不是王朝，而是幕府这个军事政权。

另外，日本和韩国与占据着东亚中心的中国历代王朝的关系方面，也有很大的差异。历史上以中国（中华）为中心的东亚国际秩序，是由中国皇帝的对外册封与被册封的诸侯（诸国之王）所进行的朝贡构成的。统一的新罗、高丽、朝鲜等历代韩国的王朝也接受了中国皇帝的册封，并向中国皇帝进行朝贡。反过来，日本除了室町幕府的一个时期即足利义满被明朝册封为“日本国王”之外，一直处于册封——朝贡的国际秩序之外。正因为这样，在日本和韩国存在着认为韩国的历代王朝是中国的属国或日本是未曾受益于中华文明的化外之地的言论，这是缺乏对以中国为中心的东亚国际秩序的理解的表现。

最近，在日韩两国，历史认识的差异被广泛议论，在这里，首先必须通盘了解相互国家的通史，从将片断性的作为点存在的知识提升为连续性的线的作业开始。即有必要对相互的历史从古代到现代进行通盘俯瞰，认识其差异。本书即是出于这样的想法和愿望而写作的关于韩国史的概论性书籍。

在这里，为方便起见，借用了韩国史的名字，并不是光指“韩国”即“大韩民国”的历史，而是包括从古朝鲜到大韩民国、北朝鲜（朝鲜民主主义人民共和国）等朝鲜半岛为中心的诸国以及在其影响下的周边地区的历史的范围宽广的概念。朝鲜半岛的诸国，都属于有较长历史的国家，所以，所有以韩国史为内容的书籍都不得不又长又厚。而本书作为一本即使是之前对韩国史未曾关心过的诸位也能易于阅读的韩国史入门书，会尽量注意进行简略性的记述。另外，本书以与日本的历史关系为中心对日韩交流史内容也进行了论述。非常期待着本书有助于诸位对韩国史的理解。

2007 年 8 月

水野俊平

审校的话

日本与韩国处于这样一种关系之中，即如果不谈对方的历史，就无法说清楚本国的历史。特别是关于近现代史上的诸多事件更是如此。

但是，日韩两国，看起来相互拥有着不同的历史观，并且一味固执于该历史观。因为国家间有着侵略与从属、统治与被统治的历史，所以普通人的意识也会从国家的考虑或政治的考虑出发，而非自由思考，就好像其是代表着国家的运动员。完全看不到其会考虑对方的立场，而是被自己国家的从前的主张所束缚。不得不说，日韩两国间相互存在着对于对方的陈规老套的历史认识或社会认识。即使在已经迎来了日韩新时代的今天，这样的历史认识也看不出什么变化。这是因为，各自从自己的壳子中跳出，阅读世界各国或各国人的历史，将其与自己的历史进行比较的工作一直被忽视的结果。

今天，每年有500万人来往于日本与韩国之间。确实存在着韩流热潮，韩国文化正在被介绍给日本社会。在日本的家庭的起居室里欣赏韩国的电视剧也不再稀奇。另一方面，即使在担心着日本的文化侵略的韩国，现在，日本的电视可以直接收看，大学生们嘴里会哼着日本的流行歌曲。但是，一旦开始稍稍“正经的”话题，日本人与韩国人的“世界认识”的差异，就会立刻浮现出来。

本书的作者，立足于这样的现实，特别是日本的现实，为普通读者主动承担起向导的作用。作者出身于北海道，在关西的大学学习韩国语之后，长年生活于韩国的地方城市，并拥有着在韩国的大学担任日本语教师的经历。作者一直认真观察着韩国社会。对该国有着深厚的情感，希望成为日本与韩国交流的桥梁。

本书就是作者的这样的尝试。

对韩国“5000年悠久的”历史进行归纳概要并不是一件容易的事情。作者并不是对历史事件进行片断性描述，而是试图进行系统的、综合性的把握。最近的历史研究，往往倾向于专业化、细分化，而作者则始终坚持着通俗地讲述历史的态度。

当然，本书是否成功地表现了作者的意图，则交由读者来判断。

札幌大学教授　李景珉

目录

★在韩国使用阳历是从 1896 年开始，本书从 1875 年江华岛事件起以阳历来记述。

第 1 章 从古代到统一的新罗

概要

虽然尚不清楚朝鲜半岛从何时开始有人类居住，但可以明确的是，该半岛人类生活的历史经历了旧石器时代、新石器时代。据推测，朝鲜半岛代表性的旧石器时代遗迹可以追溯到大约 50 万年以前。那时，人们集体居住于洞穴、岩石下或河边，过着狩猎和植物采集生活。

从公元前 8000 年左右开始，朝鲜半岛人类历史进入新石器时代。旧石器通过打制而成，新石器则通过磨制而成。新石器时代的重要特征是使用磨制石器和栉纹陶器（带有梳齿状花纹的尖底陶器）。栉纹陶器出现于公元前 4000 ～公元前 3000 年左右，随后在广范围地域被使用，遗物主要大量发现于河边或海边。新石器时代的人们一般是在海边或河边建造竖穴式住所，从事狩猎和捕鱼，到了新石器时代后期则开始从事基本性的农耕活动。当农耕活动开始发展起来之后，新石器时代的人们便将主要居住地迁移到丘陵地带。后期栉纹陶器的底部由尖底转变为平底，正说明了上述居住地的转变。一般认为，朝鲜半岛的谷物栽培始于公元前 2000 年左右，主要农作物为粟、黍、稗等。从公元前 10 世纪左右一部分地区开始种植水稻。

可以认为，当时的社会，是由以母系或父系的血缘关系为中心的家族集合而形成的氏族社会。人们认为，这样的氏族构成了新石器时代的基本社会单位，而众多的氏族又联合形成了部落。

在开始水稻种植的公元前 10 世纪左右，朝鲜半岛进入了青铜器时代。代表了该时期特征的历史遗物为琵琶形铜剑和无纹陶器。即使在青铜器时代，农具仍然为石器，但多种用途的农具被制作和使用。耕作也不再单单是种植杂粮，也开始了水稻种植，生产力有了很大提高。人们居住的仍然是在地面挖掘洞穴而成的竖穴式住所，但深度变浅，已接近于地面房屋。

另外，这一时期，人们利用巨大的天然石块建造了支石墓或石

被列入世界文化遗产名录的江华岛支石墓

椁墓等形式的墓葬建筑。铜剑、巨大的支石墓、石椁墓成为权力者的象征。在支石墓中，其大者有的可重达数十吨，这证明了当时已经出现了拥有可支配使用众多人力以移动巨大石块的强权势力。与农耕活动出现的同时，原始共同体关系解体，独占产品和生产工具的统治者登场。人们认为，这样的统治者建造土城或以木头建造城寨，开始对周边的部族或氏族进行统治。这些初期的“国家”被称为“城邑国家”。历史上最早出现的“城邑国家”是古朝鲜。古朝鲜指公元前2333年由韩（朝鲜）民族的始祖檀君王俭所建立的“檀君朝鲜”、中国殷商时期的箕子所建立的“箕子朝鲜”、由从中国西汉时期的燕国逃亡而来的卫满所建立的“卫氏朝鲜”三个王朝。

不过，现在的一般看法认为，被当做朝鲜历史上最初的国家的“檀君朝鲜”，与其说是史实，更像是神话中的传说，而在中国的《史记》等史书中出现的最初的朝鲜半岛的王朝则是“箕子朝鲜”和“卫氏朝鲜”。虽然“箕子朝鲜”的详细成立年代不明，但“卫氏朝鲜”则是成立于公元前195年左右、被西汉灭亡于公元前108年的实实在在的国家。

在从公元前3世纪到公元1世纪的中国，秦灭亡，西汉成为中国的统治者，其与周边诸国结成了君臣关系，保持着稳定的联系。

公元前195年，西汉燕国武将卫满，带领1000余人从燕国逃到朝鲜半岛，建立了“卫氏朝鲜”。“卫氏朝鲜”努力改善与西汉的关系，成为西汉王朝的“外臣”，同时又征服了真番、沃沮等周边诸国，不断扩大着其国土版图。不过，作为西汉的外臣，其实际上却一次都没有奉召入见汉武帝。“卫氏朝鲜”对待西汉的态度触犯了武帝的逆鳞，最终导致了公元前 108 年“卫氏朝鲜”的灭亡。其后，西汉在前卫氏朝鲜的领域内设置了“乐浪郡”等四郡，积极展开对朝鲜半岛的直接统治。

到了公元前 1 世纪时，西汉国内发生动乱，对朝鲜半岛的支配力减弱，在古朝鲜的旧属民的推动下，朝鲜半岛北方兴起了扶余、高句丽、东濊、沃沮等，在南方兴起了马韩、辰韩、弁韩、伽倻等的小国联合体。北方的高句丽在与中国的势力相对峙的同时，逐渐向朝鲜半岛方向扩展领土，于公元 313 年灭掉西汉所设置的“乐浪郡”和东汉设置的“带方郡”等，将领土扩张到大同江流域。

在朝鲜半岛南部，马韩中的“伯济国”于公元 3 ~ 4 世纪间统合了汉江流域的小国，后发展为“百济”；另一方面，在公元 4 世纪后半期，辰韩中的“斯庐国”以庆州地区为中心统合了诸小国，后发展为“新罗”，进而，在朝鲜半岛南部诞生了伽倻联盟。高句丽、百济、新罗、伽倻四国为了各自的霸权展开争夺。不久，新罗逐渐崛起，分别于公元 562 年灭掉伽倻、于公元 660 年灭

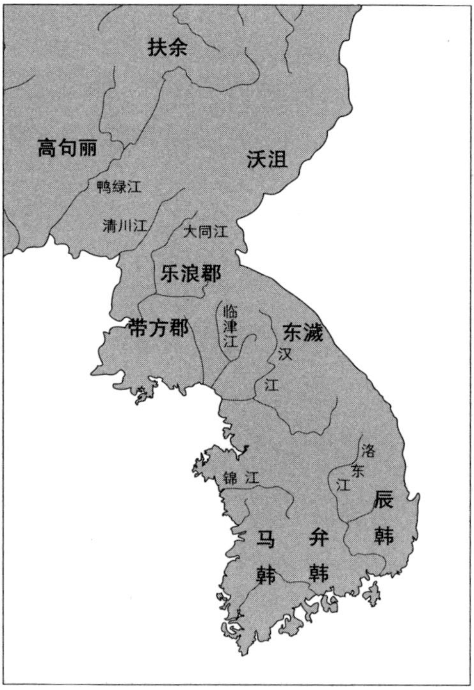

公元前 1 世纪的朝鲜半岛

掉百济、于公元 668 年灭掉了高句丽等敌对国家，又在公元 676 年打败了唐朝，统一了朝鲜半岛。

在韩国，将从高句丽、百济、新罗（后统合了伽倻）三国鼎立的公元前 1 世纪到新罗统一朝鲜半岛为止的时期，称为三国时代。

统一了三国的新罗，引进了律令制，努力建立律令国家，并对佛教采取了厚待和保护政策。公元 8 世纪中期，与唐朝关系好转，新罗获得很大发展，王都金城（现在的庆州）成为贵族们所歌颂的东亚少数几个繁华的大都市。

古朝鲜与檀君神话

大韩民国的首都首尔是有着 500 年以上历史的王都，也是拥有 1000 万人口的大都市。发源于朝鲜半岛中部的汉江，流经首尔，并将其一分为二为南北两个部分。其中，汉江北侧的旧街区散布着景福宫、德寿宫、宗庙等朝鲜时代（1392 ~ 1910 年）的王宫设施，而汉江南侧则广布着现代街道。

在旧街区北部的钟路区社稷洞，有作为王朝重要设置之一的社稷坛。所谓社稷坛，是国王为国民祈愿丰收、祭祀土地之神（社）和五谷之神（稷）的设施，其与国王进行办公的景福宫、祭祀李王朝历代神位（牌位）的宗庙一起，共同构成为王都所不可缺少的设施。

该社稷坛在 1920 年代变成了公园，现在则成为首尔市民休憩的场所，在其后方是被称为“檀君圣殿”的白色祠堂。该祠堂建于 1968 年。

祭祀檀君的檀君圣殿

之所以会在朝鲜王朝重要设施——社稷坛之侧建立祠堂，是因为该祠堂所祭祀的是被认作为韩（朝鲜）民族的始祖、建立了古朝鲜的“檀君”。

据朝鲜的建国神话——“檀君神话”[①]称，在公元前2333年，朝鲜由檀君建国。

13世纪末僧侣一然所著的朝鲜历史书《三国遗事》[②]“古朝鲜王俭朝鲜”中关于檀君神话做了以下记述：

天神桓因欲遣其子桓雄治理人间。桓雄乃率部三千降于太伯山顶神檀树下，是谓桓雄天王。桓雄天王主谷主命主病主刑主善恶，在世理化。

时有一熊一虎，常祈于桓雄，愿化为人。桓雄乃遗灵艾一炷、蒜二十枚，曰：“尔辈食之，不见日光百日，便得人形。”

虎不能忌，而不得人身，熊忌而得女身。熊女者无与为婚，故每于神檀树下咒愿有孕。雄乃假化而婚之，孕生

---

① 檀君神话：在韩国，多以该“檀君神话”为依据，称本国历史有5000年（西历2007年为檀纪4400年）之久，但这并不是从学问角度得到验证的纪年。因为朝鲜时代的徐居正等在编纂史书《东国通鉴》的过程中，认为是在尧即位的公元前2357年的25年之后建立了檀君朝鲜，于是就产生了檀君朝鲜建国于“公元前2333年”的定论。

② 《三国遗事》：由高丽时代高僧一然（1206 ~ 1289）于1280年代编纂、并由其弟子无极增补的私撰历史书籍。其以新罗史为中心，共5卷9编。包罗了朝鲜古代的神话、佛教传说、乡歌等内容。

子，号曰檀君王俭。其都平壤城，始称朝鲜。又移都于白岳山阿斯达。御国一千五百年。后周武王封箕子于朝鲜，檀君乃隐于阿斯达为山神。

在韩国，一般将从檀君神话中登场的“檀君朝鲜”到“箕子朝鲜”①、再到公元前 2 世纪为西汉武帝所灭的“卫氏朝鲜”为止称为“古朝鲜”。在历史学上，“古朝鲜”是用来作为与 1392 年建国的李氏朝鲜王朝相区别的概念而被使用，而“檀君朝鲜”在现在一般被认为是神话传说中的存在。

在中国的史书中出现“朝鲜”这个名称是从公元前 7 世纪左右开始，在《管子》②《山海经》③ 等书中记载了被称为“朝鲜”的势力的存在。该“朝鲜”指的是“箕子朝鲜”，不过，该历史存在并未被明确确认。

这样，与作为传说中的王朝的“檀君朝鲜”以及“箕子朝鲜”不同，古朝鲜中的最后阶段——“卫氏朝鲜”，则是公元前 2 世纪初左右由卫满所建立的实际存在的国家。

公元前 195 年，西汉燕国武将卫满因其所侍奉的燕王背叛西汉王朝而被置于战争危险之下，于是其率 1000 余人从燕国逃往朝鲜半岛，并招募半岛内居住的非汉人系土著以及从燕、齐而来的亡命者，

① 箕子：传说中的古代朝鲜国家——箕子朝鲜的始祖。中国殷朝时期的贤者，周武王灭掉殷朝后，其逃到朝鲜半岛，建立了箕子朝鲜。

② 《管子》：被认为是管仲所著的记述中国春秋时期的国家之一的齐国（公元前 1046 ~公元前 386 年）的富民、治国、敬神、布教之术的书籍。

③ 《山海经》：从战国时期到秦、汉时期所著述的中国最古老的神话和地理方面的书籍。记述了山和海的动植物、金石草木以及怪谈。

建立了自己的殖民据点。

当时古朝鲜的执政者为准王（译者注：箕子朝鲜），其命令武将卫满前往与西汉对峙的西侧国境，担当防卫。

但卫满则伪称西汉大军要来进攻，率军进攻准王，夺取了政权，建立了卫氏朝鲜。该事件被认为发生于公元前 194 年至公元前 108 年之间。

卫氏朝鲜在与西汉结成“外臣”关系以稳定与后者之间的关系的同时，凭借发达的铁器文化，征服了真番、沃沮等周边诸国，使之归顺。当时的西汉皇帝为武帝，而卫氏朝鲜的王则是卫满之孙右渠王。

尽管卫氏朝鲜与西汉结成外臣关系，但其实际上一次都没有奉召入见武帝。

西汉武帝[①]是一位成功击退了匈奴的皇帝，而匈奴曾经迫使秦始皇不得不修建万里长城，到了西汉高祖刘邦时期也未能将之平定。作为拥有绝对权力和自信的武帝，自然不会接受卫氏朝鲜的傲慢态度。

公元前 109 年，武帝决定进攻朝鲜。将军杨仆奉武帝之命，派遣 5 万水军出兵朝鲜，同时，另率 7000 名陆军进攻王俭城。而右渠王则以王俭城为主要根据地进行了持续数月的抵抗，愤怒的武帝遂收买朝鲜军队内部人员暗杀了右渠王。朝鲜军余部死守城池，公元前 108 年王俭城陷落，卫氏朝鲜灭亡，卫氏朝鲜的历史降下帷幕。

之后，武帝在前卫氏朝鲜的领域内设置了真番郡、临屯郡、玄

---

① 武帝：西汉第七代皇帝（在位时间为公元前 141 ～公元前 87 年）。西汉高祖皇帝刘邦的曾孙。将匈奴击退到戈壁沙漠以北（蒙古地区），统治范围达到西域、越南、朝鲜半岛。

菟郡、乐浪郡四郡，试图对朝鲜半岛进行统治，但遭到了当地土著居民的激烈反抗，西汉不得不于公元前82年撤销了真番、临屯二郡，又于公元前75年将玄菟郡的治所迁往西北方。

结果，在朝鲜半岛只剩下了以原卫氏朝鲜的中心王俭城（平壤）为基础的乐浪郡。

其后，中国通过乐浪郡所进行的对朝鲜半岛的统治也随着西汉的衰落而衰退，在公元3世纪到4世纪期间，东汉又在乐浪郡的南方设立了带方郡（据推定位于现在的汉江以北的京畿道到慈悲岭以南的黄海道），不过两者最终于公元313年为高句丽所灭。

高句丽的诞生

武帝死后，曾经兴盛的西汉也开始蒙上了阴影。其通过乐浪郡等所进行的对朝鲜半岛的统治也开始减弱，在古朝鲜的旧属民的推动下，朝鲜半岛的北方兴起了扶余、高句丽、东濊、沃沮，在南方兴起了马韩、辰韩、弁韩、伽倻等的小国联合体。在这些国家中，尤其能够快速实现壮大成长的是高句丽。其始祖（开国者）是朱蒙。朱蒙是东扶余一带的方言，其含义是“善射者”。《三国遗事》“高句丽”条目下记载了高句丽建国神话，其内容如下：

> 河神河伯之女柳花，与天帝之子解慕漱相遇而结合。其父母责其无媒而从人，遂谪居于东扶余。到达东扶余王金蛙处的柳花，有孕而生一大卵。（中略）不久，有一儿破壳而出。

该儿骨表英奇，有智慧。年甫七岁，自作弓矢，射则百发百中。国俗谓善射为朱蒙，故以名焉。

金蛙之诸子技能莫及朱蒙，遂嫉妒而欲谋害之。朱蒙听从其母之言而速出逃。不久至卒本州，遂都焉，国号高句丽。

该建国神话中所出现的卒本州，据认为是现在的中国辽宁省桓仁市。该地属西汉所设置的玄菟郡地区。

公元 3 世纪初，高句丽将其根据地从卒本州迁往集安市（中国吉林省）的国内城，并开始整顿国家体制。

直到第二十代高句丽王长寿王（公元 413 ~ 491 年在位）将都城迁至平壤时为止，集安市一直是高句丽的都城，该市内现存众多高句丽时期的遗迹[①]。其中舞踊塚古墓中，尚残存着描绘有骑马射箭的高句丽人身姿的壁画，从该壁画中我们可以一窥弓箭名家、高句丽始祖朱蒙的身影。

高句丽壁画古墓·舞踊塚所残存的描绘狩猎场景的壁画

① 高句丽古墓群：分布于中国吉林省集安市和朝鲜民主主义人民共和国的平壤市、南浦市，大多数墓中描绘有展示了当时社会文化风俗的壁画。2004 年，作为联合国教科文组织世界文化遗产，共计有六十三座王族、贵族的古墓被列入该名录中。

高句丽迁都集安时，中国的东汉王朝因幼帝继位而陷入政治动乱，开始衰退。进而，在公元220年东汉终于灭亡，中国由此进入了三国时代和五胡十六国时代的乱世时期。而高句丽则不得不面对如何应对诸强国间相互对立的复杂的国际关系的课题。

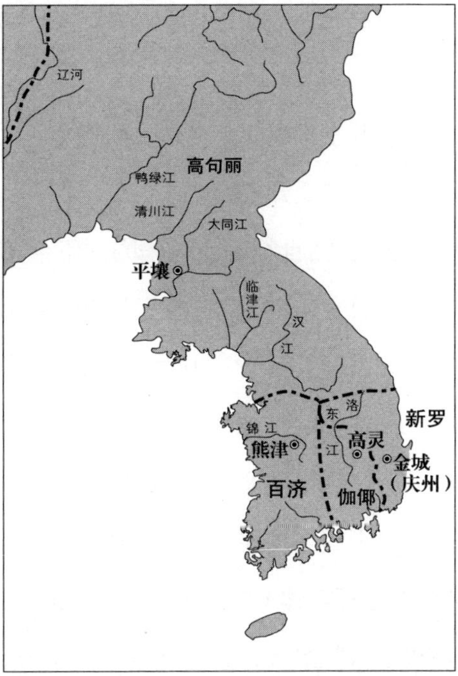

公元5世纪末高句丽全盛时期的朝鲜半岛

高句丽于公元313年灭掉乐浪郡和带方郡，成功地将中国势力从朝鲜半岛驱逐了出去，不过到了第十六代高句丽王故国原王（公元331 ~ 371年在位）时期，高句丽受到了中国十六国时期的前燕的进攻，而当其试图为恢复国力而进攻百济时，反被百济攻击到平壤，故国原王也因此战死。在此背景下，其后继位的第十七代高句丽王小兽林王（公元371 ~ 384年在位）着力重建国家体制和修复与中国的关系。

首先其与灭掉了前燕的前秦结成友好关系，接纳了佛教。同时，其通过公布律令加强了国王对各部族的掌控力，建立了作为国家教育机关的太学，传授儒学，以巩固强化王权的理念基础。

第十九代高句丽王广开土王（公元391 ~ 413年在位）则继承

了小兽林王所完善的国家体制，进一步加强王权，并积极扩大领土和增强国力。

广开土王生前之名是永乐王（好太王），"广开土王"为其谥号，含义为"广泛开拓领土之王"。

公元12世纪高丽时代的文臣金富轼（1075 ~ 1151）所著的史书《三国史记》[①]"广开土王"条目中就广开土王记载道："生而雄伟，有倜之志"。广开土王18岁继位，积极进攻南方的百济、西北的契丹、东北的肃慎、东方的东扶余、西方的后燕，在其一代，高句丽在对外方面得到了最大程度的发展。

关于其在扩展领土方面的功绩，从中国吉林省集安市所残留的"广开土王陵碑（好太王碑）"[②]的碑文中亦可获知。据该碑称，对百济进攻次数最多，获得其领土，还击败了倭和伽倻，并将新罗收于其势力范围之内。

高句丽与辽东地区的强国、十六国之一的后燕的战争，一直是在一进一退之间反复胶着，但最后广开土王历经四次挑战，最终还是将辽东半岛收于手中，获得了北从辽东地区、东到珲春（中国吉林省）、南到朝鲜半岛的临津江流域的广大领土。其后，广开土王之

① 《三国史记》：是高丽时代的文臣金富轼等奉王命从1143年开始编纂、并于2年后完成的官撰史书。其以纪传体记述了新罗、高句丽、百济的历史。全书共50卷。是现存的朝鲜半岛最古老的历史书籍。

② 广开土王陵碑：是长寿王于公元414年为其父广开土王所立的记述其父功绩的石碑。该碑为不规则的四方形柱体，高6.3米，宽1.5 ~ 2米。在碑的四面环刻有汉隶书体汉字，共计1700余字，以编年的形式记述了包括高句丽建国神话、广开土王的功绩等内容，成为研究当时朝鲜半岛与日本间关系的重要史料。

子长寿王为了向朝鲜半岛南部扩展领土，于公元 427 年将都城由集安迁往平壤。这一时期，北方正处于安定状态，长寿王全力向南方发展，于公元 475 年攻陷了百济王都汉山城，将其父广开土王所拓展的领土进一步扩大到汉江流域，成为高句丽史上最大的领土。长寿王在外交方面也富有才干，公元 5 世纪中期中国进入南北朝时期，长寿王分别向北朝的北魏和南朝的梁派遣使者，想尽办法与中国保持稳定的关系。通过其努力，高句丽成为东亚强大的势力。

但进入公元 6 世纪以后，高句丽王朝也开始衰退。公元 531 年，长寿王的曾孙安藏王被杀，其后继者安原王也病倒，围绕着王位继承，在王族间发生内乱。公元 6 世纪中期新罗兴起，公元 6 世纪末国际环境也完全改变。曾经分裂为南北朝的中国，于公元 589 年被隋朝统一。

中国大陆的统一王朝的出现，对高句丽而言是一种威胁。而隋朝本身也担心高句丽会与马上民族东突厥相互勾结对其展开进攻。

高句丽与隋唐

隋朝的担心是对的。隋朝统一中国之际，东突厥在中国东北部保持着强大的势力。而高句丽在向隋朝进行朝贡的同时，又秘密地向东突厥派遣密使，与其勾结，试图对抗隋朝。

发现了该情况的隋炀帝[①]被激怒，公元 611 年，其发布了高句

---

① 炀帝：中国隋朝第二代皇帝（公元 604 ~ 618 年在位）。

丽远征[1]总动员令。翌年，隋炀帝率 113 万大军亲征高句丽。而高句丽方面，乙支文德[2]将军率军对隋军给予了迎击。

隋炀帝一方面派遣 100 余万大军向辽河方面挺进，同时派遣水军从山东半岛出发，逆大同江而上，进攻平壤城。结果，水军被高句丽军歼灭，而渡过辽河进攻辽东城的陆军则遭到了高句丽军的顽强抵抗，僵持数月、胶着不前。因此而焦虑的隋炀帝，遂派将军于仲文、宇文述等带领 30 万余人的别动队，展开进攻平壤城的作战，试图一举拿下平壤城。

对此，将军乙支文德采取了带走全部的粮食和武器、坚守山城的对抗战术。即村中不留一粒粮食给敌人，在从鸭绿江流域通往平壤的沿路的山城伏击隋军。

对此并不知情的隋军侵犯并深入到高句丽领地内部。结果，因长时间行军而疲惫的隋朝士兵，私下里偷偷地抛弃了已成为其负担的沉重的军粮。因为正常情况下，按理无论多少粮食都是可以在高句丽境内夺得的。但是，在高句丽军队的坚壁清野战术下，隋军一粒粮食也没有得到。再加上高句丽军队每天数次不断地展开对隋军的袭击，并故意败北诱敌深入，使得隋军疲于应付。在高句丽军队的顽强进攻下，隋朝军队开始败退。

在此情况下，乙支文德给隋军发去了如下内容的诗文，提议讲和：

---

① 高句丽远征：隋朝对高句丽的侵略自公元 598 年以来一共发生了四次，其中公元 612 年隋炀帝所发动的远征是其中最大的一次，出兵数量达到 113 万人。单单从先锋部队出发，到最后的部队出动，就历时 40 天，规模巨大。

② 乙支文德：生卒年不详。6 世纪末高句丽武将。与朝鲜王朝时期的名将李舜臣一起被尊为救国英雄。

神策究天文，

妙算穷地理，

战胜功既高，

知足愿云止。

如果隋军愿意撤军，其将与（高句丽）国王一起去见隋炀帝。

已经失去斗志的隋军接到此提议之后，开始撤退。但是，当撤退的隋军来到萨水（现在的清川江）附近时，早已埋伏于此的高句丽军队从四面八方对隋军发起了总攻击。据说，攻击后逃走生还的隋军仅仅不过2700人。这就是所说的“萨水大捷”。这一切归功于乙支文德的卓越战略和战术的运用结果。

尽管大败，隋炀帝并没有放弃，又于翌年和第三年进行了对高句丽的远征。但是，每次远征都以失败告终。

对于建立了赫赫战功的隋炀帝来说，其一直希望将在中国东北部拥有着巨大势力的高句丽变成自己的国土。其继位的翌年（公元605年），为了落实真正的南北统一，并为实现能够将南方物资简单容易地运送到北京附近，着手整顿和增筑连通黄河和长江等大河的大运河——通济渠[①]。该浩大工程动员了100万人以上的民工，而且不仅包括男子，连女子也被征调，经过五个月的时间而完成。由于劳动条件的苛刻，参加修建运河的民工有一半人因此而死去。进而，为了准备对高句丽的远征，隋炀帝又于公元608年命令建设了连接

① 通济渠：是起于中国天津，横穿黄河、长江，终于浙江省杭州的大运河（总长超过2500公里）的四段之一。连接着黄河和淮河。完成于公元610年。除了通济渠外，构成大运河的其他三段分别为永济渠、山阳渎、江南河。

黄河和天津的永济渠。

任意驱使、滥用民力所准备和进行的高句丽大远征的三次失败，使得隋炀帝迅速失掉了民众的支持。先后发生了超过200起的或大或小的反叛，公元618年，隋炀帝被亲卫队所杀，隋朝灭亡。

隋炀帝死后，取代隋朝统一中国的是唐朝。唐朝同样对高句丽怀有着戒备之心，等待着征服高句丽的时机。

在高句丽，公元642年，武将渊盖苏文（？～公元665年）[①]发动武装政变，杀死高句丽王荣留王，拥立荣留王的侄子宝藏王为王，其本人则自封为“大莫离支（首相）”，掌握了军政实权，实施强有力的独裁政治。

公元645年，唐太宗以渊盖苏文杀害君主荣留王为理由，亲自率兵10万，攻打防守于辽河沿岸的高句丽之城。虽然设法攻陷了过去曾经使隋军陷于苦境的辽东城，但在安市城受阻，无法攻陷，最后唐军不得不撤退。而在该战役之后，高句丽仍然不得不面对来自唐朝的攻击，不久，其国力逐渐被消耗，内部矛盾也被激化。

公元665年，渊盖苏文去世，其家族内部围绕着权力发生争斗。公元667年，唐军与新罗联军利用此机会，从南北两侧对高句丽发起进攻。高句丽军虽然进行了抵抗，但最终于翌年宝藏王等投降，高句丽王朝灭亡。

其后，被唐强行迁徙到唐朝营州（辽宁省朝阳市）的前高句丽

---

① 渊盖苏文：高句丽末期的宰相、将军。也被记载为泉盖苏文、泉盖金，《日本书纪》中则记为伊梨柯须弥。

遗民逃往中国东北地区，公元 698 年，其以大祚荣为首，在松花江流域建立了震国。公元 713 年，第一代王大祚荣被唐朝封为渤海郡王（公元 698 ～ 719 年在位），震国随之改国号为渤海国。渤海国继承了高句丽的社会制度与文化基础，直到公元 926 年被灭为止，一直存续了 228 年。其与日本之间的使节往来多达 46 次。也正因为渤海国在北方抑制了唐朝的势力，新罗在统一之后所受到的来自唐朝的压力并不多。

百济的诞生与风纳土城

首尔的东南、连接着隔汉江而相对的松坡区和江津区的千户大桥旁，延续着一道细长的城墙填土。这就是被称为“风纳土城”的百济遗址。其名称的由来是，在该遗迹被指定为国家史迹之时，该行政区域属于京畿道广州郡风纳里。

现存的城墙堆土遗迹长度为 2.7 公里左右，而原来则为周长达 4 公里的大规模城墙建筑，包括城墙在内的城内面积为 226000 坪。城墙高度为 9 ～ 15 米，据认为其建造需要 150 万吨土。

现在，在土城的内部正在进行着挖掘调查工作。据对所出土的陶器等进行分析的结果，风纳土城至少在公元 3 世纪以前就完成了筑城工作。从这样的土城规模以及所挖掘出的遗物来推断，这里为百济的王城的可能性非常高。

卫氏朝鲜灭亡以后，从公元前 1 世纪左右始，来自北方的移民不断南下。他们与当地的土著民族相结合，形成以铁器文化为基础的小国。不久，数个国家集结在一起，又逐渐形成马韩、辰韩、弁韩等联盟势力。

在马韩、辰韩、弁韩等联盟势力中，成为政治中心势力的是马韩的“目支国”，此外还有“伯济国”、“斯庐国”、“狗耶国”等小国。

《三国史记》中关于百济的建国神话曾记载道：公元前 18 年，高句丽始祖朱蒙的儿子温祚与其兄沸流一起南下，以河南慰礼城为都建立伯济国。此即为后来的百济。关于河南慰礼城的所在位置，有首尔的北汉山、京畿道广州市、忠清南道稷山市等诸多说法，现比较倾向于认为首尔的风纳土城即河南慰礼城。伯济于公元 3 世纪后半期征服了马韩的中心势力“目支国”，将朝鲜半岛的中西部纳入到其势力范围内，不久，发展为百济王国。

第十三代王近肖古王（公元 346 ~ 375 年在位）时，征服了马韩的残余势力，并与高句丽围绕着带方郡旧地展开争夺。近肖古王于公元 371 年率领 3 万军队打到高句丽的平壤城，并在战争中杀死了高句丽的故国原王。

公元 4 世纪后半期，百济势力进出于北从黄海道一带、南至全罗南道南海岸地区的区域，获得了广大领土。这一时期，百济获得极大繁荣，成为与包括日本（倭）和东晋在内的诸国进行交流的国际贸易国家。

但到了公元 5 世纪中期时，百济的领土扩张活动开始受阻于高句丽。公元 427 年，高句丽的长寿王将都城从集安的国内城迁往平壤城，开始努力着手进行向朝鲜半岛南部的领土扩展。

面对来自高句丽的反复侵略，百济与新罗结成罗济同盟以进行对抗。公元 475 年，百济遭到高句丽长寿王的进攻。长寿王率领 3 万大军拿下了百济王都汉山城，处死了第二十一代百济王盖卤王（公元 455 ~ 475 年在位），俘虏男女人口 8000 余人，将之掠往高句丽。盖卤王之后继位的第二十二代百济王文周王（公元 475 ~ 477 年在位）不得不将都城迁往熊津（现在的忠清南道公州市）。

百济武宁王陵

迁都熊津后，百济在第二十四代王东城王（公元 479 ~ 501 年在位）、第二十五代王武宁王（公元 501 ~ 523 年在位）等的努力之下获得复兴。从公州宋山里古墓中所发现的武宁王陵及其陪葬品、扶余陵山里古墓中所发现的百济金铜大香炉等，可以一窥当时百济的繁荣景象。

武宁王之后继位的第二十六代王圣王（公元 523 ~ 554 年在位）为了夺回被高句丽夺走的汉江流域的旧领土，于公元 538 年将都城从熊津迁往泗沘（现在的忠清南道扶余市）。接着，在公元 551 年与新罗联合，成功地夺回了其念念不忘的汉江流域的旧领土。但是，喜悦瞬间过去，翌年，新罗夺走了该地。公元 554 年，圣王为夺回该地，对新罗的管山城（忠清北道沃川郡）发起进攻。结果，百济大败，圣王本人亦遭新罗伏兵奇袭而战死。

从百济传来的佛教文化

在高句丽、百济、新罗三国中，百济给人一种缺乏辉煌历史的感觉。高句丽与大陆势力相斗争并获得广大领土，新罗则完成了三国的统一，与此形成对比，百济被高句丽夺取了汉江流域的王都，被迫迁都熊津，最后又被新罗和唐朝所灭。不过，三国中对古代日本影响最大的是百济。

根据《日本书纪》的记述，汉字传入日本是在公元 4 ～ 5 世纪。《日本书纪》和《古事记》认为是王仁[①]博士（和迩吉师）从百济将《论语》和《千字文》传入日本。

佛教也从百济传入日本。据《日本书纪》记载，是百济圣明王（遣人）向日本献上佛像和佛教经典。关于佛教何时正式传入日本，有两种说法，一是《元兴寺伽蓝缘起并流记资财账（元兴寺缘起）》《上宫圣德法王帝说》所述的戊午年（公元 538 年），二是《日本书纪》所述的壬申年（公元 552 年），其中，公元 538 年的说法更为妥当。如前所述，这一时期，百济正将都城从熊津迁往泗沘，积极努力恢复旧国土。也可以认为，百济试图通过佛教来密切化与日本关系，以此作为从南方对新罗施压的手段。

---

① 王仁：（生卒年不详）据认为其由百济渡海来到日本，传入汉字《千字文》和儒教《论语》。《日本书纪》称其为王仁，《古事记》称其为和迩吉师。但是，考虑到现存的《千字文》在公元 5 世纪尚未完成，关于王仁传来《千字文》的相关记事令人怀疑。不过在现存的《千字文》以外，还有由魏（公元 220 ～ 265 年）钟繇编纂的《千字文》，故也不能完全否定由王仁传入《千字文》一事。

另外，公元 602 年，百济僧侣观勒将历书传入日本，由此开始记录年月时间的经过，而使用该历法也使历史书籍以及各种记录的著述成为可能。《日本书纪》所记载的百济与日本（倭）间的文化、学术、思想交流内容如下：

钦明七年（公元 538）：百济圣明王献释迦佛金铜像、幡盖、经论。

钦明十五年（公元 554）：百济以僧昙慧、五经博士、易博士、历博士、医博士等（替）代前番（被派遣者）。

敏达六年（公元 577）：百济威德王献经论和律师、禅师、比丘尼、咒禁师、造佛工、造寺工。

崇峻元年（公元 588）：百济国遣僧、寺院建筑工、炉盘博士、瓦博士、画工，献佛舍利。请百济僧等，问受戒之法。以善信尼等，赴百济国。

推古三年（公元 595）：百济僧慧聪来之。

推古十年（公元 602）：百济僧观勒来之，仍贡历本及天文、遁甲、方术之书也。

通过百济所进行的佛教传播，不仅对日本飞鸟文化产生影响，而且对古代日本的国家形成和建立也发挥了巨大作用。

国家要想对其国土实施统治并切实进行税收，就需要在各地设置官吏、掌握户数和人口，并通过文字（汉字）进行记录。正是为了这个原因，日本才从百济引来王仁博士，并传入汉字和《论语》。

另外，《日本书纪》和《古事记》中我们可以看到日本积极地接受了佛教。关于其原因，可以认为，当时拥有与统治国家相关的知识以及城市建设所必需的技术人才，主要是从海外来到日本，他们信奉着佛教。那么正是为了优待这些人，日本接受了佛教。

在6世纪初的日本，豪族物部氏和苏我氏激烈地对立着，该两豪族围绕着可否接受佛教问题也意见相对。据《日本书纪》记载，苏我氏采取了赞成接受佛教的立场，而物部氏和中臣氏则反对接受。这种对立终于发展为武力冲突，公元587年，苏我马子灭掉物部守屋，掌握了政权内部的权力。

在大和朝廷，物部氏担当着武器生产，掌握着权势，但是“物部氏的制铁技术变得陈旧，逐渐被刚从海外来到日本的人所带来的新式制铁技术取代。”（上垣外宪一《日本文化交流小史》）而对拥有该新式制铁技术的海外人士采取保护政策的是苏我氏，苏我氏正是为了照顾这些拥有新技术的海外来者而着力拥护佛教的。

厩户皇子（圣德太子）也加入到苏我氏与物部氏的武力争斗中，其向四天王祈愿道：“如果在战争中获胜，一定建寺庙供奉四天王”，结果，其在战争中获胜，于是，其所建立的寺庙就被命名为四天王寺。

公元594年，厩户皇子发出兴隆佛法之诏令。因为该诏书提出了兴“佛、法、僧”三宝，故其成为日本佛教发展的契机。该兴隆佛法的诏书推进了寺庙的建立，苏我马子的法兴寺（飞鸟寺）、厩户皇子的法隆寺（斑鸠寺）等也建造了起来。进而，圣德太子在推古天皇时期制定了冠位十二阶制（公元603年）和宪法十七条（公元604年）。制定的目的是，确立以天皇为最高顶点的国家秩序，并向豪族提倡作为官吏应该所遵从的准则。即如宪法十七条所示，以和为贵，笃敬三宝，按照佛教真理统治国家。由此，从以百济为中心的朝鲜半岛的佛教传入及对佛教的接纳，成为将日本（倭）的豪族联合政权改革为中央集权国家的一大推动力量。

百济灭亡与定林寺五层石塔

忠清南道扶余市中心有一座称之为“定林寺址”的百济遗迹。在被土墙围绕的宽广的院落中孤零零地矗立着石塔和石佛。尚不清楚在百济时代该寺庙是否也被称为“定林寺”，但因在该寺遗迹的挖掘过程中所出土的高句丽时代的瓦片碎片上刻有“太平八年戊辰定林寺大藏当草”的字样，故将其名称之为定林寺。石塔为5层，高8.33米，以花岗岩的石材149枚建成。

定林寺大概是与王都泗沘城同时建造，在一条直线上排列着中门、塔、正殿、讲堂，是百济式样的代表性石塔寺院。

定林寺五层石塔。在石塔第一层刻有“大唐平百济国碑铭”。

在公元554年管山城之战中，圣王战死后，百济王朝开始衰退。而另一方面，战胜百济的新罗则不断地吞并周边小国，公元562年又将本处于百济影响下的伽倻诸国[1]中的大伽倻纳入到自己的影响范围内，进而又沿着东海岸北上，将领土扩张到现在的北朝鲜境内的咸兴平原一带。朝鲜半岛在名义和实际两方面迎来了百济、新罗、高句丽三者鼎立的三国时代。

公元589年隋朝了统一中国，高句丽不得不加强北方的防卫，与隋朝处于反复的作战之中。即使是唐朝取代了隋朝，统一中国之后，以安市城之战为代表，高句丽与唐朝之间战争持续不断。高句丽国力逐渐削弱。

面对不断扩大着领土的新罗，公元642年，百济第三十一代王义慈王（公元641 ~ 660年在位）攻陷了大耶城等新罗西部40个城市。受到百济攻击的新罗则策划与唐朝进行联手。翌年，新罗王族金春秋[2]远赴唐朝，成功地获得了唐朝的军事援助。

接受了金春秋的援军请求的唐朝，向百济提出强行要求，要求其将公元642年的进攻中获得的领土和俘虏归还给新罗，并停止进攻。

但是，百济的义慈王则无视了唐朝的要求，公元643年其与高句丽结成丽济同盟，并于翌年攻占了新罗30多个城市。在百济看来，哪怕与过去的宿敌高句丽联合，也要击退逐渐兴起的新罗。

---

① 伽倻诸国：伽倻诸国支配着朝鲜半岛南部，在与新罗、百济争霸过程中被新罗统一。因其占据着海上贸易的有利地位，很早就通过与周边国家进行贸易而发展起来。拥有着优秀的铁器文化，铁制甲胄、马具等成为主要交易品。与日本之间也有交流，日本引入伽倻的陶器技术，生产着诸如须惠器那样的优质陶器。

② 金春秋：是新罗第二十九代王武烈王（生卒年为公元604 ~ 661年，公元654 ~ 661年在位）。

而一方面，唐太宗在接受新罗的请求之后，也在寻找进攻高句丽的机会。如前述，公元645年唐军远征高句丽，展开了安市城之战。不过，因该战转变为持久战，唐军最后不得不撤退。之后，唐太宗开始考虑从南方对高句丽展开进攻。与新罗的联合就是将这一思路具体化的体现。

这样，公元660年，新罗和唐朝的联军对百济开始了进攻。

新罗将军金庾信①（公元595 ~ 673年）率领5万新罗军在黄山平原②之战中击败了百济阶伯将军③（？ ~ 660年）所率的5000防卫军，包围了王都泗沘城。进而，唐朝武将苏定方所率13万人在锦江河口登陆，展开了对泗沘城的攻击。而百济由于准备不足以及内部的对立，仅仅10天时间就全线崩溃，王都泗沘城陷落。义慈王一时间逃避到熊津，但在泗沘城陷落后投降，成为俘虏并被带往唐朝。而泗沘城陷落之际，被追赶而陷入绝境的百济宫女们，则如落花般从锦江的绝壁跳下，与百济归于共同命运。该绝壁被称为“落花岩”，现在仍然残留于锦江沿岸之地。

唐朝武将苏定方为纪念大唐灭亡百济的功绩，在定林寺的五层石塔中篆刻了“大唐平百济国碑铭”，并设置了熊津督监府以实施对该地的统治。

---

① 金庾信：新罗将军。对新罗统一朝鲜半岛作出贡献。其妹嫁给武烈王（金春秋），称为文明夫人。长子为后来的文武王。

② 黄山平原：黄山是新罗的郡名（现在的忠清南道论山市），属国防要冲之地。黄山平原为锦江以北的论山平原的一部分。

③ 阶伯将军：百济末期的将军。与金庾信将军等所率的新罗军、唐军联军在黄山平原进行决战，战死。

现在仍残留于锦江沿岸的落花岩

拥有着武宁王陵的遗物和百济金铜大香炉所展示出来的细腻优美的文化，并对古代日本带来巨大影响的百济王朝就此落下了帷幕。

百济遗臣军与白村江之战

百济灭亡之时，日本已经通过百济引入了佛教等多种多样的中国文化，而百济的王子丰（丰璋王）也被日本朝廷所重用。百济灭亡后，百济的遗臣们举义兵并拥立已赴日本的王子丰，试图复兴百济，同时请求日本派遣援军支持百济的复兴。中大兄皇子（后来的天智天皇）同意了该请求，并分三次派出共计 27000 人的援军。这就是白村江之战的由来。

从公元 663 年 8 月 27 日，在锦江（白村江）河口处开始的倭军与唐军之战中，倭军发起四次对唐军的战役，皆告大败。

中国北宋的历史学家司马光在 11 世纪所著的史书《资治通鉴》

中描述道：“倭船被焚，烟炎灼天，海水皆赤”。

倭军大败，带着大量的百济遗民返回到日本。百济遗民多移居于近江国（滋贺县）的神崎郡、蒲生郡，其因怀念故乡而建的三重石塔，现在仍残留于石塔寺中。百济将军鬼室福信之子鬼室集斯后来在日本朝廷担任学识头之职。供奉鬼室集斯的神社——鬼室神社现在仍然残留于蒲生郡。

得知倭军大败消息的天智天皇，因担心唐朝、新罗联军的侵略，整顿了驻防制度，采用百济人的技术建立了大宰府的水城等朝鲜式的山城，同时，为防万一，将都城迁往近江宫[①]。

新罗的诞生

新罗也和高句丽、百济一样，起源于部落的联合。一然所著的史书《三国遗事》中关于新罗的建国神话——朴赫居世神话部分是这样开头的：“辰韩（斯庐）之地，古有六村”，在六个村的村长们的强烈请求下，新罗始祖朴赫居世降临，在六个村的推戴之下，不久成为君主。国号为徐罗伐，王位从朴氏依次传于昔氏、金氏，通过称为“和白”的评议会进行施政、推立国王。

如该建国神话所记载，新罗是公元前 1 世纪左右，朝鲜半岛南

---

① 近江宫迁都：关于迁都于近江大津的理由有好几种说法。最有力的说法认为，为了建立能够对抗唐和新罗联军的政治体制，才从反对势力集中的飞鸟迁往远方的大津。而迁都大津的话，即使唐朝军队和新罗联军真的入侵，也易于从琵琶湖通过湖上水路、陆路避难于任何方向。

部诞生的辰韩中的斯庐国发展而来的国家。而斯庐国则可以认为是以庆州及其附近为根据地、以六村为中心而形成的。

从公元 3 世纪末期到 4 世纪中期，包括斯庐国在内的辰韩诸国面对的是动荡的国际关系。高句丽灭掉了乐浪、带方两郡，将势力扩展到朝鲜半岛中部地区。从中感受到了危机的马韩诸国，以百济为中心联合起来，而斯庐国则统合了辰韩势力。

不久，到了第十七代王奈勿王（公元 356 ～ 402 年在位）一代，斯庐国将领土发展到洛东江流域，并建立起更加倾向于中央集权国家的体制。新罗的国名在国际上开始使用是从这一时期开始的。奈勿王于公元 377 年和 381 年两次向中国的前秦派遣使臣。公元 382 年作为使臣被派往前秦的卫头曾向前秦皇帝陈述道："斯庐已经不是以前的斯庐了"。这句话可以看做是伴随着斯庐国的国力增强所带来的自信的表现。

第十九代王讷祗王（公元 417 ～ 458 年在位）时与百济合作对抗高句丽，慈悲王（公元 458 ～ 479 年在位）时修建王都，其后的炤知王（公元 479 ～ 500 年在位）时修建邮路和市场。智证王（公元 500 ～ 514 年在位）时奖励农业、大力兴修水利等。法兴王（公元 514 ～ 540 年在位）时颁布律令和正式承认佛教，真兴王（公元 540 ～ 576 年在位）时，建立了花郎制度。这被认为是对新罗统一三国最具贡献的制度。即推戴有学识、容貌端正的上层贵族的青年男子为花郎，同时召集大量的青年男子在其下进行修行，后者被称为花郎徒。平时根据道义努力进行精神的、肉体的修行，战时则组成战士团参战。

花郎到新罗末期为止有200人左右，所属于各花郎的花郎徒则有数百到上千人，在整个新罗王朝时期最活跃的花郎是王族金春秋和将军金庾信。金春秋通过巧妙的外交手腕说服了唐朝，获得了其对新罗的援助，金庾信在黄山平原之战中与唐朝的苏定方一起灭掉了百济，后又使唐军退出了朝鲜半岛。两者都是新罗实现三国统一的功臣。

正是花郎徒的活跃存在，使得新罗在与百济、高句丽的争霸战中胜出。在真兴王一代时，新罗赶走了百济、高句丽，将从洛东江流域到北朝鲜的咸兴平原一带纳入到领土范围。

公元654年，金春秋继位，称为武烈王。公元660年，其与唐军联合灭掉了百济。灭掉百济之后，唐军从翌年开始正式进攻高句丽，公元668年与新罗联合灭掉高句丽。

新罗统一三国的愿望似乎差一步就要达成了，但是事情的发展并没有那么简单。唐朝为了支配朝鲜半岛，在新罗设立了鸡林大都监府。而在此前，唐朝就已经在灭亡了的百济和高句丽设置了五个都监府以实施军政统治。这样，唐朝与新罗的联合，在打倒了共同的敌人之后戛然而止。

对于唐朝对朝鲜半岛的支配，新罗自然不会接受。新罗与高句丽、百济的旧属民联合起来展开了对唐朝的对抗。抗争持续了六年之久，面对这样顽强的抵抗，唐朝最后也只有放弃对半岛的支配。

公元676年，唐朝废止了在半岛内所设置的所有都监府，新罗终于完成了对半岛的统一。

新罗的王都——庆州

对于在与试图支配朝鲜半岛的唐朝之间的战争中获胜的第三十代王文武王（武烈王之子，公元 661 ~ 681 年在位）来说，所面临的下一个问题是如何有效地对广大领土实施统治。

新罗在统一之前，是通过庆州周边的六个村的村长们（后来是上层贵族）的协商来施政的联盟国家，王权并不强大。并且，对唐朝的胜利，很大程度上是依靠了来自地方豪族、下层贵族、旧百济、旧高句丽的属民的支持才取得的，所以，通过确立官僚律令制度以使王权的支配及于地方成为首要之务。所谓律令制就是以使土地和国民服从王权支配的理念具体化为目的的制度。

第三十一代王神文王（公元 681 ~ 692 年在位），于公元 687 年将全国分为九个州，并在王都之外另设北原、中原、西原、南原、金海五京，以进行统治，而在此前，即公元 682 年已先行设立了国学，以作为培养派遣到各地的官僚的机构。进而，为了削弱地方的豪族或贵族的力量，将其迁往王都，并修改土地制度，以限制私有土地。

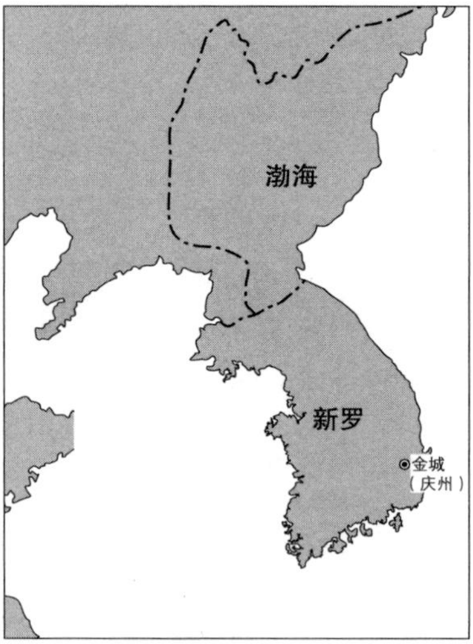

统一后的新罗领土

在国学中，以培养维护统治

秩序、以德施政的官僚为目的传授着儒教（儒学）。《论语》《孝经》为必修科目，另外，根据课程不同，而选学《礼记》《周易》《诗经》《春秋左氏传》《尚书》《文选》。公元 788 年，为了完善国学制度，设置了读书三品科[①]，根据对各科目的理解程度来录用人才。这样，新罗王朝试图通过培养能够统治国土的官僚来强化律令制度和专制王权。律令制度获得最大完善是在公元 8 世纪的第三十三代王圣德王（公元 702 ~ 737 年在位）和第三十五代王景德王（公元 742 ~ 765 年在位）时期。但到了 9 世纪左右，主张实行旧有的贵族联盟体制的贵族势力与主张推进律令制度的贵族势力之间发生了激烈的斗争。这成为统一的新罗覆灭的原因之一，其争斗一直持续到新罗末期。

新罗从三国时代就以庆州（当时称为金城）为都城进行治国。庆州从公元 5 世纪中期后获得整修，具有了王都之风貌。三国统一之后，地方豪族、贵族被迁往王都，庆州大量修建了贵族宅邸和寺院。

进入公元 8 世纪，随着与中国之间的外交关系的稳定以及国内政治的安定，手工业获得发展，庆州人口超过 17 万户。代表着中国为首的各国文化的产品被运往庆州，使该地居住的贵族之生活极尽奢华。国际交流兴盛，大量的新罗商人和僧侣访问中国，同时波斯商人来访新罗，当时的庆州成为东亚有数的大都市之一。

即使现在访问庆州，从市内散布着的以天马冢为首的历代王族

---

① 读书三品科：即精通《春秋左氏传》《礼记》《文选》，理解《论语》和《孝经》者为上品，能读《曲礼》和《论语》《孝经》者为中品，仅能读《曲礼》和《孝经》者为下品，以此来进行人才录用的制度。

古墓、史迹以及国立庆州博物馆所收藏的陪葬品等就可以窥知当时的繁荣景象。从为庆祝新罗统一而修建的雁鸭池临海殿址中也出土了大量的瓦类、佛像、香炉等描述着当时贵族们奢华生活的遗物。

佛教国家——新罗

新罗王朝为了加强王权、确立律令制度引入了儒教，同时，作为国教，则与百济、高句丽一样采取了重视佛教的政策。自公元6世纪初正式承认佛教以来，新罗王朝将佛教作为护国信仰进行优待和保护，兴建了兴轮寺、永兴寺、皇龙寺、祇园寺、芬皇寺、感应寺等众多寺院。

位于庆州市东侧的略微高起的吐含山山腰处的佛国寺，通过其建筑表现了佛教理想社会，而石窟庵则据说是按照阿弥陀佛所在世界的造型建造的。在环绕着庆州市南侧的南山，则散布着大量的摩

石窟庵

佛国寺

崖佛、佛像、寺院遗迹，而这些则向我们传达着当时的新罗王朝是如何地保护着佛教，百姓又是如何地真诚信仰着佛教的情景。在新罗王朝实施对佛教的大力保护政策的背景下，以义湘[①]（公元 625 ~ 702 年）、元晓[②]（公元 617 ~ 688 年）等为代表的高僧辈出。新罗的佛教对日本的佛教也带来了巨大的影响。曾经去唐朝学习的僧人义湘在新罗兴起了华严宗，其高足审祥则远渡日本将华严宗传入奈良的东大寺。东大寺则成为日本华严宗的总寺院。

新罗与唐朝发生战争之后，两者关系恶化，直到关系好转的 8

① 义湘：新罗华严宗的鼻祖。其远渡唐朝，从唐华严宗的智俨学习华严经义。归国后，在太伯山建浮石寺，致力于华严宗的传播。另外，其与日本也有深厚关系，京都高山寺明惠上人等所编辑的《华严经缘起绘卷》中有“义湘图”。

② 元晓：新罗华严宗僧人、佛教学者。曾想与义湘一起赴唐朝，未能如愿，乃专心于华严学的研究，著有《金刚三昧经论》等 240 卷著作。与义湘同样，与日本关系深厚，在高山寺存有明惠上人等所作“元晓图”。

世纪中期为止，新罗为了牵制唐朝，向日本派出了众多的新罗使。唐朝与新罗的关系好转之后，即使外交关系断绝，民间交流仍然频繁，正仓院中收存有大量的新罗商人带来的西方、中国、新罗的文物、经典等。

在统一的新罗时期，新罗商人活动更加活跃，其中，新罗的地方将军张保皋（？～公元 841 年）在横跨新罗、唐、日本三国的海上贸易中获得了巨大财富，并以“海洋王”而驰名。遣唐使入唐或归国之际，使用的是新罗商人的航路和船舶，而日本对中国文化的接受的背后也有着新罗商人合作的身影。另外，如前所述，在新罗，作为成为官僚的必要的素养条件引入了儒教，因此，新罗的六头品贵族[①]（仅次于王族的贵族）纷纷都去唐留学。六头品贵族子弟崔致远（公元 858 ～？）于 12 岁的时候入唐，科举考试合格，后在唐朝高官高骈门下任职，帮助其起草上表文、檄文等，以文名而为人所知。但是，大多数留学唐朝的新罗人，虽然属于高级贵族，但毕竟不是王族，未能成为高级官僚。即使是在唐朝以其才能获得很高评价的崔致远，也没有在新罗获得认可。其因对真圣女王的政治进行了批评而未能得到重用，晚年归隐于海印寺，在此终了一生。

王都庆州的贵族们的奢华生活，最终是依靠来自于百姓的税收而维持的，百姓因此陷入沉重税收的烦恼之中。身份制度的矛盾则使即使有才能也不能升到高位的贵族与地方豪族的不满加深。另外，

---

① 六头品贵族：新罗的身份制度。新罗的社会建立了称为骨品制的基于血统的身份制度。以王族为圣骨、真骨，王族以下的贵族分为六头骨至一头骨。贵族的最高位为六头骨，但也只能最高官位至第六官等。

进入公元8世纪后半期，新罗王族间王位之争持续不断。上述问题导致了王权动摇，要求实行以前的贵族联盟体制的贵族势力的声音渐高，其与主张推行律令制的贵族势力之间产生争斗，各地叛乱频发。结果，在第四十一代王宪德王（公元809～826年在位）时期，国家体制从律令制退回到旧有的贵族联盟体制，新罗王朝也因此成为一个地方性的政权。

公元9世纪末，地方豪族甄萱①、弓裔②等势力兴起，公元900年，甄萱建立后百济，公元901年弓裔建立后高句丽，朝鲜半岛迎来了新罗、后百济、后高句丽间相鼎立的“后三国时代”乱世时期，不久，曾以繁华著称的新罗王朝也于公元935年灭亡。

---

① 甄萱：后百济的建国者（公元900～935年在位）。

② 弓裔：后高句丽的建国之王（公元901～918年在位）。据传为新罗第四十七代王宪安王之子，也可能为第四十八代王景文王之子。

第 2 章

高丽时代

概要

过了 8 世纪，新罗王朝的王位继承之争以及成为王族与一般民众之间对立原因的身份制度——骨品制度所造成的社会矛盾开始表面化。在中央层面发生的持续的政争使得新罗王朝逐渐失去了对全国的统治力，导致了地方的甄萱、梁吉、弓裔等豪族的兴起。公元 892 年，甄萱起兵建立后百济；公元 901 年，弓裔赶走了梁吉之后建立了后高句丽。朝鲜半岛迎来了新罗、后百济、后高句丽三方势力争夺霸权的后三国乱世时期。而平定该乱世、建立高丽王朝并于公元 936 年再度统一朝鲜半岛的是后高句丽的武将王建。

在高丽王朝时期，引进了中国的科举制度，整顿和强化了以佛教为建国理念、以儒教为统治理念的中央集权国家体制。佛教仪式八关会、燃灯会以国家仪式活动的名义被举办，对始于新罗时代的佛教哲学的理解也获得加深。另外，还刊行了《高丽大藏经》《续藏经》，天台宗、曹溪宗成立并获得了发展。上述佛教文化的发展以及新罗以来的贵族文化的兴起，又推动了高丽青瓷等工艺品的诞生。

从高丽王朝成立的公元 10 世纪到 13 世纪，在中国，唐王朝于公元 907 年灭亡；经历了五代十国时期，契丹、女真、蒙古等北方少数民族有了很大发展，不久则进入了蒙古族建立蒙古帝国的时期。注重与中国关系的高丽王朝，虽然一直为与中国的外交关系而绞尽脑汁，但是仍然遭受了来自契丹、蒙古等的数度侵略的折磨。

在内政方面，1170 年，受文臣压制的武臣们发动叛乱，之后出现的武臣政权一直持续了 100 年，期间也受到了来自蒙古的侵略。

高丽王朝虽然在武臣政权的领导下进行了顽强的抵抗，但最终于 1259 年降服于蒙古。不过，对此并没有屈从的武臣们，以被称之为“三别抄”的军队为中心，在朝鲜半岛的南部、济州岛继续进行了反复的抵抗。不过，该抵抗最终也被镇压，高丽落入蒙古的支配之下。在被元所支配的高丽，通过迎娶蒙古历代皇女为王妃，高丽王室与蒙古皇室之间进一步结成一体；以庶民阶层间肉食的普及等为

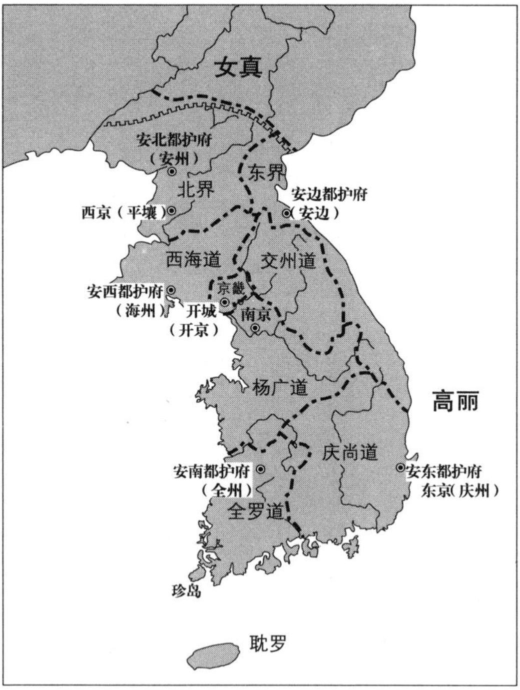

高丽时代的朝鲜半岛

代表，蒙古文化扎根了下来。

进入 14 世纪，随着中国大陆明王朝的建立，在高丽王朝，围绕着的是追随蒙古还是追随新兴的明王朝，统治阶层出现了分裂。结果，在对倭寇的讨伐和对北方的防卫中扬名的武将李成桂，为了帮助元讨伐明，带领军队从高丽出征。但在中途李成桂又调转军队袭击了都城，掌控了高丽王朝的权力，建立了朝鲜王朝，高丽王朝就此灭亡。

高丽的建国

新罗时代末期，新罗王朝的支配力减弱，而在地方，吸收了豪族、农民在内的反叛势力逐渐兴起。其中，较大的有甄萱、梁吉、弓裔等势力。

农民出身的甄萱，天生体格健壮，立志成为军人，后去了王都庆州，成为了一名武将。

但是，当时的新罗，被真圣女王（公元 887 ~ 897 年在位）所宠信的数名臣下把持着大权，其视权力如私物，对农民课以重税，再加上连年饥荒，农民被迫挣扎于苦难境地之中。而无法忍耐重税的农民，或变成流民，或结党叛乱，新罗社会极度混乱。

在此背景下，甄萱纠合农民，于公元 892 年以武珍州（现在的全罗南道光州市）为都建立了后百济。

领导了另一支叛乱势力的弓裔，则是在权力争斗中失败的新罗王族后裔，初为僧人，后在新罗陷入混乱时成为梁吉的部下。其努力扩大自己的势力，不久，赶走了梁吉，纠合江原道、京畿道、黄海道的农民，于公元 901 年以松岳（后来的开京、开城，现在的朝鲜民主主义人民共和国开城市）为都建立了后高句丽［后改国号为摩震，迁都于铁圆（后来的江原道铁原），再后来又改国名为泰封国］。不久，后高句丽在旧高句丽属民的支持下，壮大了国力，开始与后百济争夺霸权。这样，在公元 10 世纪初，朝鲜半岛迎来了新罗、后百济、后高句丽三国鼎立的时代。后高句丽之王弓裔自称“弥勒佛”，通过将夺来的粮食等分给众人，获得了支持，但其猜疑心过重，对部下并不信赖，数名部下成为其猜忌心的牺牲品，因此不久之后，就被自己手下部将王建夺走了王位。公元 918 年，赶走了弓裔的王建在部将的拥戴下登上王位。其将王都迁回了松岳，国号也从泰封（后高句丽）改为“高丽”。高丽国由此诞生。

王建（公元 918 ~ 943 年在位）对新罗采取了友好的态度，但对后百济则采取相反的敌对态度。公元 927 年，新罗的景哀王遭到后百济的甄萱的进攻时曾向王建寻求救援，从这一事实中就可以看出王建与两方的关系。

不过，该救援请求还是迟了一步，后百济进攻新罗，杀死了景哀王，并毁坏了王都庆州城。其后，敬顺王被立为新罗之王，但后者在公元 935 年降于王建。王建对新罗人采取了优待政策，对敬顺王给予了礼遇，并迎娶新罗王室之女为妃。由此，高丽和平地获得了新罗之土地，与其对峙的只剩下后百济。就在新罗敬顺王投降于高丽的第二年，后百济发生内乱。甄萱指定了其所偏爱的第四子金刚为王位继承者，与对此嫉恨的长子神剑之间围绕继承问题发生争执。神剑将父亲甄萱囚禁于金山寺（全罗北道金堤郡），杀死了其弟金刚，登上了王位。因担心被杀，甄萱设法逃离了金山寺，并在不得已之下向高丽的王建求助。王建对年长的甄萱给予了礼遇，并决定接受甄萱的请求进攻后百济。王建出动了步骑 87000 余人，于一利川之战（庆尚北道善山郡）中一举大破后百济军，再度统一了朝鲜半岛。

科举制度的确立

整顿后三国的混乱局面并实现了朝鲜半岛统一的王建，既是优秀的武将，同时也是优秀的政治家。为了实现对在各地拥有着值得夸耀的势力的豪族的实际支配，稳定国内局势，其采取了连续与多家豪族之女结成婚姻关系并给予其地位的方式来集中权力。据说其妃子有 29 人之多。但也正是因为其拥有如此多的王妃，在其死后继位的惠宗以及惠宗之后的定宗都是继位后两三年就失去了王位，高丽早早就陷入危机之中。

收拾该混乱局势、加强王权并整顿了统治机构的是高丽第四代之王光宗（公元 949 ~ 975 年在位）。为了强化已经被弱化的王权，他采取了三个方面的措施：一是解放奴婢，二是实施科举，三是整顿官制。

公元 956 年，光宗颁布了奴婢解放令——“奴婢按检法”。这一时期的豪族，通过强迫其所属之男奴与良民之女结婚并将后者变成奴婢身份的方式增加着自己所属的奴婢数量，进而增强其经济与军事实力。正是豪族的这一行为，使得农民数量减少，并导致高丽王朝的财政力量和国防力量减弱。光宗所谋求的是，通过解放那些被强迫变为奴婢者，来削弱豪族、强化王权。在“奴婢按检法”实施两年后，于公元 958 年，光宗又推行了科举制度。该科举制度的目的是，起用持有以忠诚君主为本分的儒教思想的人才，将王权的支配贯彻到全国。在光宗一代，实施了八次科举考试，共有 39 人及第。高丽的科举制度是对新罗时代的“读书三品科”的进一步发展，分为制述科、明经科、杂科、僧科①四科。该科举制度施行之后，以科举考试为目的的学校和私塾在全国范围内建立起来。儒教思想逐渐在高丽社会扎根。这成为强化王权的基础。

进而，光宗在引入科举制度的同时，也没有忘记对豪族采取怀柔政策。即先祖曾为五品以上官吏或曾为有功绩的官吏时，其子孙可不经科举考试就被授予官职。该制度被称为“荫叙制度②”。科举制度实施两年后的公元 960 年，光宗又以整顿官僚制度为目的制定了“百官公服”之色。即根据官僚之等级确定官吏的官服的颜色。同年，又实行了军政改革，将军队的统帅权收归中央。

---

① 制述科是以写作立足于儒教思想的文章为内容的考试；明经科是以解释儒教经典为内容的考试；杂科则是面向于多个领域的技术官吏的录用考试，其分类包括录用法律专家的明法业、选拔计算专家的明算业、选拔能够担当书记的官吏的明书业、医学方面的医业、占卜方面的咒禁业、风水地理方面的地理业等。僧科则是为授予僧侣以僧阶而进行的考试。

② 荫叙制度：荫叙制度在事实上成为官吏录用时规避科举考试的途径，后豪族形成门阀，荫叙制度成为维持其特权的手段。

与契丹的战争

在高丽王朝成立的10世纪初，中国也出现了很大变化。公元907年唐朝灭亡，经过五代十国的乱世之后，公元979年宋朝统一中国；而在中国北方，游牧民族契丹族所建立的契丹于公元926年灭掉了渤海[①]。

试图将领土扩展到中国中原地区（中国文明兴起的黄河中游的平原地区）的契丹，首先，为了保持朝鲜半岛一侧的地区的稳定，希望与高丽结成亲善关系。

公元942年，契丹派遣使臣前往高丽，并向高丽国王赠送50匹骆驼，寻求建立两国间邦交。但王建称“契丹是将渤海灭亡的不道德的国家”，遂将其使臣流放于岛上，并将其所赠送的骆驼饿死，公开表明了与契丹的对立态度。公元960年，宋朝刚一建立，高丽便向宋派遣了使臣，与之建立了邦交。这成为围绕进入中原地区以及国境周边领土与宋对立着的契丹决定征服高丽的契机。

公元993年，契丹将军萧逊宁率80万大军渡过鸭绿江，以压倒性的军事优势占领了清川江以北的地区，并要求高丽投降。

---

① 渤海：是以中国东北地区为中心，从沿海州（现俄罗斯滨海边疆区）到朝鲜半岛北部的繁荣之国。公元698年由靺鞨族首领大祚荣所建。其吸收了唐朝的制度与文化，并对佛教进行保护。与日本也有邦交。公元926年为契丹族的辽国所灭。渤海的灭亡使朝鲜民族失去了旧高句丽的领土，此后，朝鲜民族的势力被限定在朝鲜半岛及其周边。高丽则对逃入高丽的旧渤海属民采取了接纳态度，并对旧渤海人所建的定安国进行支援。

在高丽王朝内部，围绕着友好还是抗战，意见分成两派，最终，高丽决定与宋朝断交，进入以契丹为中心的册封体制之中。契丹对高丽的第一次侵略结束。

翌年，高丽对女真族进行讨伐，将从鸭绿江流域到清川江的江东六州（兴化、通州、龙州、铁州、郭州、龟州）之地纳入支配之下。但是，由于江东六州是与契丹国境相接的要冲之地，契丹不满高丽支配此地，于是，再次伺机对高丽进行进攻。

公元 1009 年，高丽发生了“康兆政变”，武臣康兆杀死第七代王穆宗（公元 997 ~ 1009 年在位），拥立显宗（公元 1009 ~ 1031 年在位）继位。而契丹的圣宗则以匡扶正义为名对高丽发起进攻。契丹的意图在于让高丽交还其所支配的“江东六州”，并使高丽安全屈服。

公元 1010 年，契丹圣宗派遣 40 万大军进攻平壤，翌年 1 月占领了开城（开京），火烧宫殿和民宅，将开城化为废墟。显宗向契丹求和，而契丹则以显宗去契丹进行朝觐为条件撤回了军队。

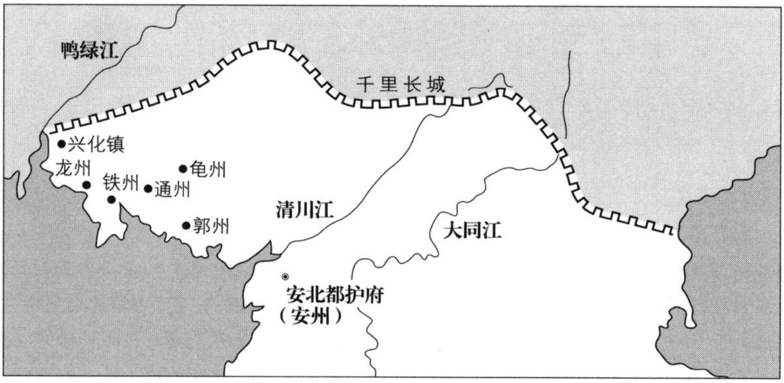

江东六州

但是，高丽的显宗以患病为由并没有去朝觐。对此，契丹再次要求高丽交出江东六州、高丽王去契丹朝觐，这次高丽则断然进行了拒绝，并于公元 1014 年与宋恢复了邦交，与契丹则中断了关系。因此，契丹决定对高丽发起第三次进攻。公元 1018 年 12 月，契丹大将萧排押率 10 万兵力进攻高丽。而高丽则以 20 万军队给予迎击，在名将姜邯赞（公元 948 ~ 1031 年）所指挥的龟州之战中取得了对契丹军队的压倒性胜利。战役后只有数千人契丹军队逃回了契丹。以此大败为契机，两国讲和，于 1020 年缔结了和约。

佛教与儒教的兴盛

结束了与契丹的战争、重返和平的高丽，通过与宋朝以及其他国家之间的交流，传入了佛教经典等众多文化产品，儒教与佛教在高丽获得了很大发展。

位于流经王都开城附近的礼成江河口的国际港，有来自宋朝、日本以及女真的商人到访。从高丽出口到宋的商品有金、银、铜、高丽人参等，此外还有大量的书籍、纸张、笔等文房用具。特别是高丽的纸张在宋朝的贵族间很有人气。从宋被带往高丽的商品则有丝织品、书籍、瓷器、药材等。

另外，远至阿拉伯的商人也通过丝绸之路经由宋朝来到高丽。在今天，之所以人们将韩国称之为“Korea”，就是因为当时的阿拉伯商人将高丽称呼为此名，并将此称呼广泛流传的结果。

王建死前向后代留下了“十训要”以作为王位继承者所必须遵

守的规则，其将佛教确定为建国理念，同时，还提出：要将佛教作为护国之教给予厚待并兴建寺院，要以国家仪式活动的名义举行佛教庆典——燃灯会和八关会，对儒教也予以并重。因此，以兴王寺为首，大量寺院在全国各地被兴建起来，而在燃灯会、八关会举办之际，则邀请宋、日本、耽罗等周边国家的使节参加，规模盛大。

在高丽时代初期，受新罗时代的影响，高丽的佛教界分为教宗（禅宗以外的宗派）和禅宗两派并相互间对立。消除了该对立的则是曾留学宋朝的义天（1055 ~ 1101）。义天为高丽第十一代王文宗（1046 ~ 1083）的第四子，受文宗之命成为僧侣，后远渡宋朝学习华严宗和天台宗，学成后回国。其对主张教宗与禅宗调和的天台宗进行了广泛推广。受此影响，禅宗势力也集结起来，知讷（1158 ~ 1210）创办了曹溪宗。天台宗以贵族为中心广泛传播，而禅宗则受到了庶民的欢迎。佛教是作为护国与精神之支柱受到人们的信仰，与此相对，儒教是作为统治理念，随科举制度的扎根而被推广，儒教教育制度也因此完善起来。在王都开城设置有作为儒教教育设施的"国子监"，其属于国立大学的一种。除此之外，有过科举考试官经历的儒家学者也竞相开办私学。

代表性的私学有儒学者崔冲[①]（984 ~ 1068）所开办的私塾九斋学堂。另外，官方还设立了对儒学学习进行财政支援的奖学机构——养贤库。第十七代王仁宗（公元 1122 ~ 1146 年在位）时期，

---

① 崔冲：高丽前期的文臣、学者。书法与文章优秀，被称为海东孔子（朝鲜的孔子）。

设立了地方教育机构——乡校，地方贵族子弟在此学习。上述儒教振兴政策实施的结果，确立了官僚培养的基础，以金富轼为首，大量的文人、学者涌现出来。但是，上述以文臣为中心的倾向不久遭到了武臣的反对，并成为导致后文所述的武臣之乱的原因。

高丽青瓷与印刷技术

佛教、儒教的发达，作为其副产品也诞生出各式各样的文化遗产。其中，有代表性的为高丽青瓷与印刷技术。而青瓷与印刷技术则属于当时世界最先进的技术。

高丽时代制作有青瓷、白瓷、黑釉瓷等各式各样种类的陶瓷器，但其中能够代表高丽时代的陶瓷器则为青瓷。高丽的青瓷的制作技术，是在三国时代的陶瓷技术基础之上融入中国的陶瓷技术发展而来，并在不久形成高丽独自的技法及其独特的造型美。

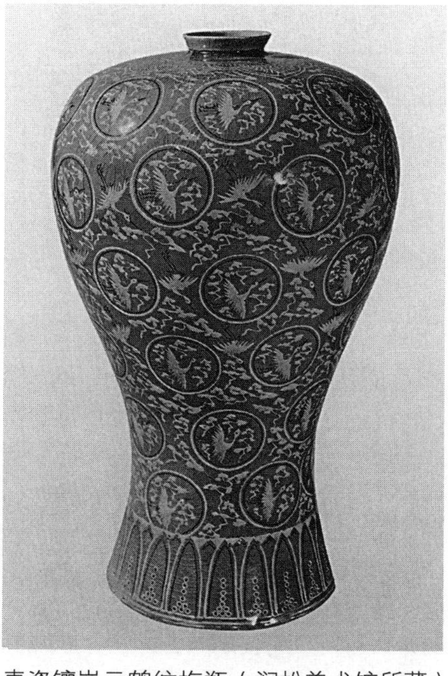

青瓷镶嵌云鹤纹梅瓶（涧松美术馆所藏）

初期的高丽青瓷为无花纹瓷器，其后，逐渐出现多样化的花纹和造型。花纹的技法上，包括以含有铁成分的褐土描绘花纹再挂上釉药的“铁绘青瓷”、以含有氧化铜的辰砂进行彩饰的“辰砂彩青瓷”等。在形态上，有通过挖透青瓷壁面进行造型的“透刻”、模仿人或动物形态的象形青瓷等。公元 12 世纪，镶嵌技法获得发展，青瓷技法达到了顶峰。“镶嵌”指在器皿表面以刀雕刻花纹，再在该处填入白土或黑土，挂上青瓷釉药，进行烧制。这样烧制的镶嵌青瓷，在青地儿上闪烁着红黑色，呈现出神秘的色感。

曾于 1123 年作为宋使臣赴高丽的徐兢所作的《宣和奉使高丽图经》[①] 中记载道:“高丽人将青瓷颜色称为翡色，象形青瓷的造型与中国不同，为独创之物”，其将高丽青瓷的美丽颜色比喻为翠鸟之羽的青色（翡色），进行了称赞。青瓷除了作为庶民生活用具之外，也被制作成高级礼仪用具、文房用具、茶器等。这些则反映了高丽的佛教文化和贵族生活文化。

印刷技术发展的背景是,《大藏经》[②] 的刊行以及书籍铺等官厅所进行的书籍刊行等。虽然这些印刷物都为木刻版，但丰富的木版印刷技术的积累则成为促成金属活字发明的契机。因为书籍铺是儒教教育机关国子监的附属机构，所以，也可以说印刷技术发展的背景是佛教和儒教的兴盛。另外，在高丽时代，作为关于新罗、百济、高句丽历史的历史书籍，刊行有文臣金富轼等编纂的官撰史书《三

① 宣和奉使高丽图经: 1123 年随宋之国信使出访高丽的徐兢以所见闻之事为内容著述的附有插图的书籍。该书撰写于 1124 年，全书共 40 卷。

② 大藏经: 为佛教经典丛书，由记录释迦牟尼的说法的“经藏”、归纳了所有戒律的“律藏”、汇总了佛家弟子的论说的“论藏”三部类构成。除了梵语、巴利语的原著之外，还有藏语、汉语、蒙古语、满语的译本。“汉译大藏经”是以汉字翻译的佛教经典的总称，也包含有中国、朝鲜、日本著述的文献。

国史记》(1145 年)和僧侣一然所著的私撰史书《三国遗事》(1280 年)。这两部史书是现存最古老的关于韩国历史的书籍。

关于金属活字，过去一直认为最古老的当属于 1445 年发明的古登堡的金属活字，但 1972 年在巴黎国立图书馆发现了高丽以金属活字刊行的《白云和尚抄录佛祖直指心体要节》之后，高丽的金属活字被认定为世界最古老的金属活字。

该书是 1377 年忠清北道清州的兴德寺用铸造的金属活字印制的书籍，比1445年发明的古登堡的金属活字早了68年。另外，有记录称，现在没有流传下来的《详定古今礼文》是以金属活字印制的，该书印刷年代据认为是 1234 年。而该记录并不是关于制造金属活字的记录，而是关于金属活字使用的记录，所以金属活字的发明年代可上溯到更远。可以认为，高丽时代制作了世界最初的金属活字。

武臣政权的诞生

随着科举制的稳定实施，高丽作为官僚制国家获得了发展。但是，官僚的地位也渐渐变得世袭化，形成门阀，并发生权力之争。其中，最大规模的权力之争是李资谦之乱和妙清之乱。所谓李资谦之乱，是指与高丽王室结成姻亲关系并掌握着大权的李资谦，为夺取王位所发动的叛乱。发生于 1126 年的李资谦之乱，使王宫被烧毁，国家陷入显著混乱之中。

僧侣妙清利用风水地理理论，提出上述王朝危机是因为开城地气已衰，进而主张迁都西京(平壤)。朝廷内部因此被分为开城派和西京派两派，并出现激烈的对立，而妙清则于1135年举兵叛乱。这就是妙清之乱。该叛乱虽为金富轼所镇压，但镇压行动本身持续了一年多时间，这也说明了叛乱的激烈程度。

另外，因为高丽的科举制度只适用于文臣而不适用于武臣，由此带来了文臣的优势地位，而武臣则逐渐被文臣所蔑视。妙清之乱为文臣金富轼所镇压一事，更推动了轻视武臣的风潮。第十八代王毅宗（公元1146 ~ 1170年在位）时期，文臣的专横与对武臣的冷遇达到了极端程度，以致于发生了酒宴之上文臣戏弄武臣、将军郑仲夫（1106 ~ 1179）被蜡烛燎燃胡须的事件，这使武臣们的愤怒达到了顶点。

1170年8月，武臣们的愤怒终于爆发。当毅宗带领臣下到开城郊外的普贤院行幸之际，充当警卫的将军郑仲夫、李义方、李高等发动了叛乱，士兵们则进行了响应。对文臣们的清洗持续了数日，毅宗被流放到巨济岛、太子则被流放到珍岛。武臣们拥立毅宗之弟翼阳公，晧为第十九代王明宗（1170 ~ 1197年在位），郑仲夫、李义方、李高等则独占了国家要职。由此，在高丽诞生了武臣政权，并持续了100余年。不过，在武臣政权诞生之初，权力争斗仍然持续，难以安定。政权之安定是在1196年崔忠献（1149 ~ 1219）掌握了权力之后。崔氏政权共延续了崔忠献、崔瑀（后名崔怡）、崔沆、崔竩四代。

崔氏政权镇压了从其政权建立之初开始频发的农民起义，并与蒙古之间进行了持续30余年的战争。1232年，高丽迁都江华岛，其目的有两个，一是为了维持政权，二是为了战争需要。但是，长期持续的战争也导致了崔氏政权对民众的强烈掠夺。普通民众的生活每况愈下，农民、贱民的起义频发。而民众生活基础的丧失，又导致了正常的征兵无法进行，国防力量不断减弱。

1258 年，崔氏政权的崔竩被主张与蒙古讲和的国王派所杀，崔氏政权结束，翌年，太子倎（后来的元宗）入朝蒙古，向蒙古传达了降服之意，并约定拆除江华山城。

但是，武臣林衍等则主张彻底抗战，与元宗进行对立。1270 年，林惟茂（林衍之子）被讲和派杀害，不过一直到政权结束为止，武臣政权一直在江华岛进行着抵抗。

蒙古（元）的侵略

当高丽诞生崔氏的武臣政权、政局恢复安定之时，中国的北方则迎来了巨大的变化。

统一了蒙古各部族的成吉思汗①，征服了西夏、金、宋等周边诸国，将蒙古发展为占据了欧亚大陆大部分领土的巨大势力。

1218 年，当蒙古进攻中国东北部的金国时，处于金统治之下的一部分契丹族乘机侵入高丽。高丽军与蒙古军联合对侵入的契丹族进行了讨伐，但作为支援的代价，蒙古向高丽王朝提出了其无法承担的庞大的贡物要求。由此高丽的反对蒙古情绪高涨起来，1225 年发生了蒙古使者被杀死在鸭绿江附近的事件。由于该事件，高丽与

---

① 成吉思汗：蒙古帝国的创立者（1206 ~ 1227 年在位）。

蒙古的关系断绝。

不久，窝阔台[①]在成吉思汗之后继位，蒙古与高丽之间的军事紧张局势一下子激化。窝阔台继承了其父成吉思汗的伟业，继续扩张领土，将其统治向西扩展到南亚、匈牙利，向东则灭掉了金国。在对中国东北部的金国进行进攻的同时，其又命令元帅撒礼塔进攻高丽。由此开始了高丽与蒙古的战争。

1231年，元帅撒礼塔率蒙古军侵入高丽，在龟城、安州等地遭到了高丽军队的顽强抵抗，但其一部经过王都开城到达了忠州。陷于困境的高丽王朝不得不与蒙古军媾和，并缔结和约，翌年，蒙古军撤退。

对高丽首次侵略之后，蒙古向高丽派遣了监督官，提出了庞大的贡物要求。对于蒙古的蛮横做法，武臣政权的掌权者崔瑀于1232年将都城迁往江华岛，决心进行抗战。

江华岛是位于首尔西北、京畿湾的汉江河口附近的岛屿。现在，经江华大桥和草芝大桥与陆地的京畿道金浦市相连。在岛的东部，距离繁华街道一公里左右的地方，残留有称之为“高丽宫遗址”的遗迹。该处为1232年至1270年的38年间的高丽王宫。现在的高丽宫遗址只剩下建筑物的残留物和石阶，但为保卫高丽宫而建造的城墙遗迹在现在仍然残存着，与复原的城门一起向今天传达着往日的威容。

虽然由于民众的抵抗、大海与山城的阻碍，蒙古军最终没有能

① 窝阔台：蒙古第二代皇帝（1229 ~ 1241年在位）

够攻占高丽，但战争断断续续持续了30多年之久。

蒙古提出的要求是，进行持续抵抗的高丽王室离开江华岛并迁都开城、高丽国王到蒙古朝觐，但高丽王朝对于这两项要求，一直到最后都是坚持了抵制。不过，长年的对蒙古战争，也使得厌战情绪在高丽蔓延，1258年，崔氏政权的崔竩被主张与蒙古讲和的国王派杀害，崔氏政权结束。1270年，武臣政权也覆灭，主张讲和的高丽国王元宗坚决将都城迁往了开城。但是，反对讲和的裴仲孙将军等反蒙势力，率领称之为“三别抄”的抵抗军，将据点转移至珍岛、济州岛继续抗战。

三别抄对蒙古的抵抗

武臣政权结束、国王元宗屈服于蒙古（蒙古于1271年改国号为元）之后，三别抄仍然坚持对蒙古抗战。1232年高丽迁都江华岛之后，三别抄取代了已经形式化和弱化的正规军，成为对蒙古的有力的抵抗势力。

如前所述，高丽与蒙古的战争持续了30余年，随着武臣政权的覆灭和迁都开城，该战争大体结束，但反对与蒙古讲和的裴仲孙将军所领导的三别抄并没有放弃彻底抵抗的立场。

元宗已向反对迁都开城、拒绝附属于蒙古的三别抄发出了解散命令，但由裴仲孙率领的三别抄却拥立了高丽王族的温为王，建立了新政府，公开表明了反对蒙古、反对政府的态度。

三别抄认为已经很难再将江华岛作为根据地，在起义后其迅速乘坐 1000 余艘船只南下，将根据地转移到了全罗南道的珍岛，并在此建造了龙藏城，以及宫殿设施。三别抄发出了抗蒙檄文，高丽本土呼应檄文的起义也相继不断，由此，三别抄以珍岛和济州岛为中心，控制了全州、罗州等全罗道地区和巨济岛、马山、金海、东莱等庆尚道一带。

但是，到了 1271 年 5 月，在高丽和蒙古联军的攻击下，珍岛龙藏城陷落。裴仲孙与王族温死去。三别抄残部在首领金通精的率领下，在济州岛继续进行抵抗。但在不久后的 1273 年 4 月，受到蒙古军与高丽军联军一万余人的总攻击，济州城陷落，三别抄的抵抗活动最终结束。在镇压了三别抄之后，蒙古（称为元寇）和高丽又对日本展开了进犯。

八万大藏经的制作

位于韩国东南部大都市大邱郊外的陕川海印寺，收藏着 1995 年被认定为联合国教科文组织世界文化遗产的国宝“八万大藏经”及其木版。一般认为，“八万大藏经”是高丽时代为祈愿击退蒙古的侵略而制作的。

1231 年蒙古军队侵略高丽，在朝鲜半岛全境肆虐。面对蒙古骑兵军团的压倒性优势，处于劣势的高丽军无以应对，在此情况下，以崔瑀为首的高丽领导者，希望佛力能帮助其击退敌军，于是开始了大藏经的制作。这就是传至今天的“八万大藏经”。之所以称之为“八万大藏经”，是因为大藏经完成当时的木版（经版）枚数为

81137枚（现在所存81258枚）。海印寺收藏大藏经是在朝鲜时代。

一般在韩国提起“大藏经”，即指该海印寺所藏的“八万大藏经”。原称之为“再雕大藏经”，但因其为高丽时代所制作的大藏经中唯一现存者，故也称为“高丽大藏经”。

971年刊行的中国宋朝的“蜀版大藏经”为最初之汉译大藏经，接着完成汉译大藏经的则是高丽。有逸闻称，1010年契丹侵略高丽之际，高丽王与臣下发誓制作大藏经，结果，本已经到达开城的契丹军就此自行退走。

该大藏经的制作作业从1011年开始，历经76年才完成，此时所制作的大藏经被称之为“初雕大藏经”①。该大藏经饱含着高丽人的祈愿，即希望佛祖在外敌入侵时守护这个国家。“初雕大藏经”保存于大邱的符仁寺，但在1231年蒙古入侵时被焚毁。为此，高丽王朝在迁都江华岛后，再次着手大藏经的制作。1236年制作开始，1251年9月完成。该作业由称作“大藏都监”的部门来主管，以济州岛、莞岛、巨济岛等地所产的白桦、山樱之木做材料，为防止腐败，在工序上是将木头经海水浸透后，充分阴干，涂漆之后再进行使用。在战争中从事这样大规模的国家主办的事业，应该是非常不容易的，《高丽史》中也记述道：当地人们将从事大藏经的雕版事业视为苦役。

---

① “初雕大藏经”刊行之后，高丽并没有就此满足，以文宗之子义天为中心，进一步着手刊行包罗了中国和高丽禅师们所著述的文献在内的“续藏经”。甚至收集了宋、辽、日本的文献，从1092年起花费九年的时间制作了经版，但该“续藏经”也于战乱中被焚毁。不过，“初雕大藏经”、“续藏经”在其后的“再雕大藏经”（八万大藏经）制作之际成为其重要的资料。

经过15年时间制作的八万大藏经是木版印刷技术的结晶，同时，在内容上几乎无误字脱字，是世界公认的完成度极高的大藏经。因其制作时也参照了“蜀版大藏经”、“契丹版大藏经”等，故成为能够一窥人类最初的汉译大藏经——宋的“蜀版大藏经”的唯一资料，同时，也成为用以推测现在没有流传下来的“契丹版大藏经”内容的宝贵资料。

完成后的八万大藏经也被传往国外，对佛教的研究和推广做出了贡献。日本的“大正新修大藏经”也是以高丽的八万大藏经为底本编成的。

对蒙古（元）干涉的抵抗

1259年，高丽太子倎（后来的元宗）入朝蒙古（1271年改国号为元），表示了降服之意，结束了持续30余年的对蒙古战争。

元为了便于实施对高丽的支配，对高丽强制要求政治联姻。高丽历代之王继承王位必须迎娶元之王女为正室。虽然高丽没有被编入蒙古领土之内，但由于在高丽的王室，来自蒙古的王妃及宦官把握着权势，导致蒙古的追随者掌握了朝廷权力。这样，高丽虽然保持了大体的独立，但实际上是进入了蒙古的干涉之下。

蒙古帝国还对高丽王的权力进行降格，在高丽王的庙号（在太庙奉祀时追尊的名号）上，不再承认如太祖、太宗那样的带有“祖”、“宗”的庙号，而是改为“王”，同时，对官制也进行了改编，并将东北地区编入本国领土等等，对高丽进行了露骨的干涉。在蒙古的上述干涉之下，高丽民众陷入了来自高丽王朝和蒙古的双重掠夺的苦难之中。

提起蒙古，大概多数日本人头脑中浮现出的会是“元寇——蒙古袭来”。蒙古皇帝忽必烈于 1268 年通过高丽使者向日本送达了要求朝觐的国书：

中国、高丽都顺从了蒙古，蒙古与高丽之王结成了形同父子的关系。日本与高丽、与中国都有交流，但为什么与蒙古没有邦交呢？因恐日本对我们蒙古不了解，故派使者，希望日本与蒙古通好。如不通好，将发兵日本。希望日本国王好好考虑并进行答复。

国书内容大致如上，正在为征服南宋而作战的蒙古的意图被认为是想通过与日本建交的方式来切断日本与南宋的关系。

但是，阅读了该国书的镰仓幕府和朝廷，惊慌之余，并没有正式进行答复。面对日本方面的如此态度，忽必烈终于下决心进攻日本。

蒙古对日本的入侵共进行了两次。在 1274 年的入侵（文永之役）中，蒙古军共出动了 15000 人，而高丽军则派出了战船 900 只以及 5600 人。在 1281 年的入侵（弘安之役）中，高丽军也被迫参加。蒙古的两次入侵，由于日本军队的激烈抵抗以及偶然遭遇台风的缘故，均以失败告终，而高丽则付出了士兵生命以及粮食、舰船等巨大的物资损失。

除了要承担上述战争费用之外，来自蒙古的王妃们的豪华生活的费用、王及王妃往返于元京与高丽之间的费用等也成为高丽沉重的负担，此外，高丽还必须向蒙古朝贡，向其提供包含金银、人参、药材以及工匠、女性在内的贡品。

即使是在受到蒙古如此干涉的时期，亲元（蒙古）派的奇氏一族等势力仍然享尽荣华。权臣奇辙之妹嫁给蒙古的顺帝成为其第二皇后，其子则成为皇太子。但是，到了 14 世纪中叶，蒙古呈现衰弱迹象，奇氏一族也开始走向没落。

1355 年，第三十一代高丽王恭愍王（1351 ~ 1374 年在位）乘蒙古衰退之机，杀死了奇辙，废除了蒙古的干涉机构——征东行省。进而夺回了被编入蒙古领土的东北地区的一部。翌年，又终止使用蒙古的年号，并恢复高丽原有的官制和军制

但是，上述行动引发了与蒙古相勾结的崔濡一派的反弹，后者计划废掉恭愍王，转而拥立王族德兴君为王。蒙古方面为阻止恭愍王的反蒙政策，对此进行了积极的支援。崔濡从蒙古处获一万军兵，向高丽展开进攻，但被崔莹（1316 ~ 1388）与李成桂所率高丽军歼灭而大败。蒙古不得不承认恭愍王复位，并将崔濡交给了高丽。由此，高丽从蒙古的干涉之下大致脱离开来。

高丽的终结与威化岛回军

摆脱了蒙古干涉的高丽，在恭愍王领导下，试图着手进行国权恢复以及改革事业。但是由于亲元派权力层的反对以及倭寇、红巾军的入侵等，使得改革一时遭到挫折，恭愍王本人也被杀害。另外，高丽刚刚从蒙古的支配下脱离不久就转而受到了赶走了蒙古并统一了中国的明王朝的压力。

统一了中国的明太祖，于1388年2月向高丽提出了割让领土的要求。明王朝单方面发出通告，要求高丽将蒙古干涉时期被划归为高丽领土的铁岭以北的土地归还给明。面对此要求，高丽的禑王与崔莹计划反向进攻辽东地区。其目的是试图通过占领辽东来排除明王朝的压力，并以此牵制亲明反元派的新进官僚势力与李成桂等的军人势力。

对于禑王与崔莹的出兵决定，李成桂提出了四点反对意见：一是小国抗拒大国并不利；二是在农忙的夏季调动军队与民心相悖；三是这一时期进行军队调动的话，倭寇可能会乘隙入侵；四是在夏季弓胶会溶解，而进入梅雨季节后，士兵间会流行传染病。但是，禑王与崔莹无视李成桂的反对，断然实施了对辽东的进攻。组成了以崔莹为总指挥官、以曹敏修和李成桂为司令官的征伐军。

由两万骑兵和三万步兵组成的高丽军于4月18日从平壤出发，5月7日渡鸭绿江，到达位于江中的威化岛。在这里，李成桂以江水泛滥渡江困难、粮食不足为由，再次要求禑王撤军。但是，撤军要求再次被拒绝，已经下定决心的李成桂说服了曹敏修，于5月22日自行决定开始撤退。这就是威化岛回军事件。6月1日，到达了开城的征伐军与崔莹所属军队发生内战，获胜后流放了崔莹，并使禑王退位。暂时让禑王之子昌王即位，但不久，李成桂又以昌王非属王位继承家族（非恭愍王之后）为由废掉昌王，改立恭让王。之后，李成桂以军事力量为背景掌握了政权，着手推进改革，战胜了反对派，进而又废黜了恭让王。1392年7月，李成桂自行登上王位，就此开创了朝鲜王朝。

第3章 朝鲜王朝的建立

概要

1388年，高丽武将李成桂伪装成向明朝出兵，在鸭绿江江中之岛——威化岛率军折回，进攻王都开城（开京），发动了军事政变（威化岛回军），掌握了实权。1392年从高丽最后的国王恭让王那里以让位的形式继承了王位，并于翌年改国号为朝鲜，这就是朝鲜王朝的开端。

李成桂将都城从开城迁往汉阳（现在的首尔），并命郑道传进行王都的建设和王朝的政治机构的整顿。郑道传首先编纂了朝鲜王朝的基本法典——《朝鲜经国典》，并在彰显以儒教为基础的统治理念的同时，确立了王朝的政治机构。朝鲜王朝的政治机构，以国王为最高统治者，其下设有最高行政机关——议政府和相当于中央机关的六个部门的六曹。此外，还将全国划分为八个行政区域（八道）以实行统治。这构成了现在的韩国的行政区划的基本。担当行政的官僚被称为两班，通过科举制度进行选拔。其构成为社会的统治阶层，统治着普通民众。

第三代王太宗时，改变原本由议政府掌握大权的官僚制度，致力于建立强化王权的体制。另外，其还提出“崇儒排佛”政策，没收在高丽时代以来一直拥有很大势力的寺院的土地和奴婢，以加强国家财政和国防。以上述财政基础为根基，在其后的世宗时期，创制了韩字，编纂了历史书、地理志等众多书籍，研制了测雨器、钟表等各种各样科学器具。

第九代王成宗时，完成了以增补和完善基本法典《朝鲜经国典》为内容的《经国大典》，在建国100年左右，朝鲜王朝的文物制度完全齐备。另一方面，在地方进行着性理学（儒教中的新的学问体系）的研究、逐渐扩大着影响力的两班阶层（被称为士林派）进入到中央政界，与掌握着实权的原有的官僚阶层（被称为勋旧派）之间产生对立。

15世纪末，成宗之子燕山君时期，士林派进一步在中央政界扩大了势力。由此导致与勋旧派之间的对立激化，引发了“戊午士祸”和“甲子士祸”等大规模的清洗，士林派势力基本被肃清。

不过，实施暴政的燕山君也在“中宗反正”（使燕山君退位、拥立中宗为王的政变）中被流放，新的朝鲜国王第十一代王中宗再次启用士林派，并重用了少壮学者赵光祖。中宗与赵光祖试图实践以性理学理念为基础的政治。赵光祖的该政策提高了士林派的政治、社会地位，但不久，因士林派势力开始压制到王权，因而在“己卯士祸”中失去地位。其后，士林派在“乙巳士祸”等事件中又多次受到排斥，不过，在第十四代王宣祖时，士林派再次被大量启用，王权转弱，士林派势力掌握了政权。

不过，掌握了政权后的士林派内部又围绕着政权反复出现争斗。因此，每当统治阶层出现对立时，就会发生大规模的清洗，政治也因此陷入混乱。再加上一部分两班官僚在地方上拥有着书院和庄园，而庄园的扩大则导致了国家财政力量减弱、农村凋敝。在这样的社会变化过程中，朝鲜王朝经历了被称之为“倭乱”的战乱。

所谓“倭乱”是指 1592 年和 1597 年日本对朝鲜所进行的侵略活动。韩国将该侵略事件称为壬辰倭乱、丁酉再乱。日本则将其称为文禄、庆长之役。

在该战争中，日本军队一时间压制了朝鲜全境，但由于中国明朝的援军以及义兵的奋战、名将李舜臣的努力、丰臣秀吉之死等，日军最终撤出朝鲜，战乱得以平息。不过，由于该战争，土地荒废，大量的文化财产被烧毁，朝鲜蒙受了巨大损失。特别是农村荒废严重，再加上统治阶层间权力争斗（党争）持续，这成为动摇传统的身份制度的原因。

为了重建因战乱而濒于危机的朝鲜王朝，在宣祖之后继位的光海君，推动了内政和外交两方面的革新政策。作为内政政策，为了恢复战乱中所遭受的损害，重建产业与财政基础，并努力加强国防。

作为对外政策，其认清了明朝之转弱与女真族（后金）之兴起的形势，谋求与女真族之亲善，并与日本恢复了通好。但是，光海君的上述侧重现实利益的革新政治，引起重视大义名分的士林派的反感，结果光海君被放逐。史称“仁祖反正”。

朝鲜王朝的建国

1388 年，李成桂通过实质为武装政变的威化岛回军事件掌握了实权。掌握了实权后的李成桂，首先为重建国家财政而着手进行田制改革。没收了亲元（蒙古）派贵族所持有的土地，禁止土地私有化。进而，解放了亲元派所拥有的奴婢，以图重建国库财政。通过上述解放奴婢以及田制改革等获得了民心支持的李成桂，在郑道传[①]（1337 ~ 1398）等的拥戴之下，于 1392 年以接受恭让王让位的形式登上了王位，开创了朝鲜王朝。作为李成桂（1392 ~ 1398 年在位）的智囊的郑道传开始为之前所构想的理想国家的建设而奔走，通过国号的制定、王都的迁移、国家政治理念的确立等，巩固着朝鲜王朝的基础。其是制定了朝鲜国家的基本规划、实现了构建长达 500 年的朝鲜王朝的基本框架之伟业的人物。

国号取名为“朝鲜”，意味着其将继承古朝鲜的荣耀和传统。而前王朝之“高丽”则包含有其是继承了“高句丽”之传统的含义，这对于百济、新罗的旧属民来说，则有着难以融入的味道。与此相对比，“朝鲜”这个国号，意味着所有的民众都为古朝鲜的后裔，其所包含的民族统一意识更强。

1394 年，朝鲜王朝将其王都从前高丽王都开城（开京）迁往汉阳[②]（现在的首尔），并基于郑道传的王都设计方案，修建了以景福宫为首的王宫、宗庙、社稷及官厅设施等。现在留存于首尔的东大门（兴仁之门）、南大门（崇礼门）、西大门（敦义门）等四门以及

---

① 郑道传：高丽王朝末期、朝鲜王朝初期的文臣、学者。朝鲜王朝建国的一等功臣，其将儒教（性理学：朱子学）确立为统治理念，对佛教展开批判和排斥。其著作有《朝鲜经国典》《经济六典》、文集《三峰集》等。

② 汉阳：于 1395 年改名为汉城。

景福宫等宫殿的名称都是郑道传所起。

将儒教（朱子学）树立为社会改革理念的郑道传，为重建国家王权，其首先着手的是土地改革。其提出“计民授田”（将土地分给农民）的口号，在推行以将不正当积蓄财产的有权者的土地归还给农民为主要内容的土地改革的同时，又进行了税制改革以减轻农民负担，以均等纳税为目的完善了户籍制度、科举制度。

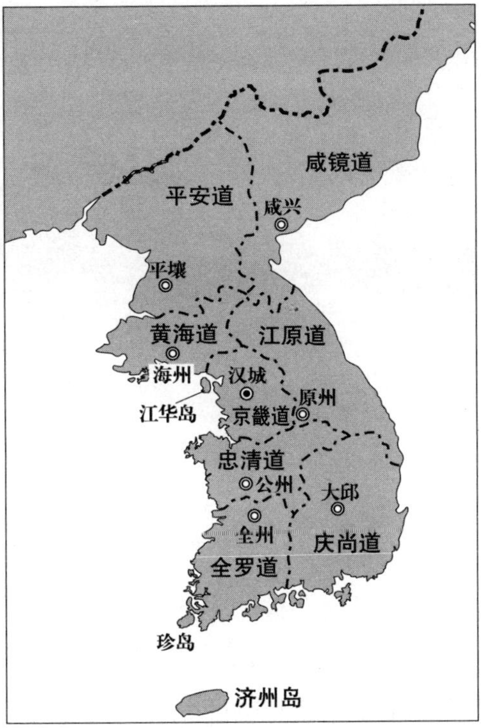

朝鲜时代的行政区划

进而编纂了成为朝鲜王朝基本法典的《朝鲜经国典》，著述了论述政治制度、官僚机构、兵制等的方针与工作实例的《经济文鉴》。这样，依据郑道传的方案，建立了以国王为最高统治者、其下设有最高行政机关——“议政府”和作为中央官厅的“六曹”的政治机构。此外，还将全国划分为八个行政区域（八道）以便实施统治。由此看来，郑道传实为朝鲜建国的企划者，而李成桂不过是其实施者。

不过，朝鲜王朝建国的最大功臣郑道传却因为参与了王位继承问题，于1398年8月，被李成桂之子李芳远（后来的太宗）所杀。

朝鲜王朝的正宫・景福宫

李芳远对父亲李成桂将其同父异母弟弟李芳硕指定为王位继承人一事产生不满，连带着对担当李芳硕的师傅的郑道传也产生了嫉恨。

另外，依据郑道传的方案所建立的以议政府为最高行政机关的政治体制，对王权进行了明显的限制，因此，对于试图确立强有力王权的李芳远来说，郑道传就只能是一个妨碍者。

由于王位继承人问题，朝廷陷入混乱，在李成桂之后继承王位的定宗（1398 ~ 1400 年在位）仅在位两年就让出了王位，其后，李芳远作为第三代王太宗（1400 ~ 1418 年在位）登上了王位。太宗为了加强王权，对于可能威胁王权的臣下，无论其是功臣，还是妻子的兄弟，都毫不留情地进行了排斥。同时，其还削弱了议政府的职能，以确立王权对臣权的优势。进而，太宗对佛教采取排斥政策，废止寺院，全国仅保留 242 所，并没收了寺院土地及奴婢。通过太宗的上述大胆的改革，王权变得坚如磐石。依靠稳定的王权和国家财政，第四代王世宗（1418 ~ 1450 年在位）得以留下巨大的政绩。

朝鲜独自的文字Hangul（韩字）的创制

朝鲜固有的文字被称之为 Hangul（韩字，以下称韩字）[①]。但该“韩字”名称是近代以后所取，原来则称为“训民正音”。其含义是“启蒙民众的正确的声音”。世界上文字种类繁多，但其创造动机、原理、创造文字的时间均被准确知晓的文字只有韩字，该文字由第四代王世宗所创。

训民正音（左）与世宗肖像

---

① Hangul：是“伟大的文字”的意思，其原理效仿于中国的汉字音韵学。由子音字（初声）14 个，母音字（中声字）10 个构成（朝鲜文字制定之初，子音字 17 个，母音字 11 个）。每一字代表一个音节，采取母音和子音组合的形式，为表音文字。子音字分别是模仿“牙、舌、唇、齿、喉”等发音器官的形状而创制，母音字则按照东方哲学原理中的“天、地、人”的形状而创制。

世宗设立了称之为集贤殿的研究机关，集中优秀人才，命其进行韩字创制研究。1443 年，在世宗的主导之下，以郑麟趾、申叔舟、姜希颜、成三问、李垲等为核心，完成了韩字的创制。关于韩字的创制理由，在 1446 年刊行的《训民正音》一书的序文中有记载。

一个原因是，虽然朝鲜的语言与中国语不同，但却使用着汉字作为其表现手段，导致了诸多不便，因此，有必要创制一种与朝鲜语言相匹配的文字。朝鲜当时还没有其固有的文字，所以作为辅助的表记手段，采用了借用汉字的音来表记朝鲜语的被称为“吏读”的表记方法。

另一个原因是，希望没有知识的民众通过学习该韩字来做到能够读书写字。汉字、汉文原为知识阶层的占有物，对一般人而言，无论是阅读还是书写，都较难。而韩字的创制，则成为脱离通过比较难的汉字进行表记的文字生活的契机。

世宗在创制韩字的同时，着力普及韩字，刊行了《训民正音》、韩字的释迦言行录《释谱详节》以及韩字的释迦赞歌《月印千江之曲》。

不过，关于世宗创制韩字的目的，虽然确实如《训民正音》所述，是为了开发适合于朝鲜语言的表记手段，但被认为并不是单纯地出自于对没有表记手段的民众的同情。在韩字的创制方面，也包含了通过向民众普及文字以便于进行基于儒教伦理的民众教化的目的。为此，在朝鲜时代，将儒教经典、农业书籍、伦理书籍、兵学书籍等改编为韩字版本进行了刊行。另外，世宗时，还刊行了以韩字写成的最初的抒情诗《龙飞御天歌》（1447 年）。其以彰显朝鲜王朝（李氏王朝）的正统性为内容，故虽然属于文学作品，但政治性意味很强。

另外，创制韩字的另一目的是，为了对中国的汉字发音进行正确的表记。选定儒教为统治理念的朝鲜，十分重视正确理解儒教经典。为此，就必须正确学习和运用中国的汉字发音。而为了正确学习汉字发音，又需要韩字这个辅助手段。《东国正韵》（1448 年）《洪武正韵译训》（1455 年）就是应这个目的而编纂的。

16 世纪，韩字的歌辞文学取得了发展。作为定型诗之一的“时调”也由于韩字表记的缘故而在人们之间广泛传播并取得发展。17 世纪以后，韩字小说发展起来，出现了许筠的《洪吉童传》[①] 等小说；到了 18 世纪，又诞生了取材于作为百姓娱乐而流行的盘索里[②] 的《春香传》[③]《沈清传》[④]《兴夫传》[⑤] 等杰作。

---

① 《洪吉童传》：光海君时期（1608 ~ 1623）由许筠所著的朝鲜最早的韩字小说。其内容写的是，庶子出身的洪吉童，因出身的缘故遭受冷遇，虽然有能力，却无法参加科举考试，无奈之下成为起义军活贫党首领。其带领起义军袭击官府和寺院，并将所获财富分给百姓，不久，离开朝鲜，在海外建立理想国。被认为是为了批判当时的对庶子的歧视和社会的腐败而创作的作品。

② 盘索里：是配合鼓等的节拍进行说唱故事的一种传统表演艺术形式（盘索里为朝鲜语的音译）。

③ 《春香传》：描写的是妓女之女成春香与两班之子李梦龙的恋爱故事。该书揭露了特权阶级的横暴，歌颂了春香的贞节，表达了庶民的提高身份的愿望。

④ 《沈清传》：以人间和龙宫为舞台，描写了孝顺父母的故事。与双目失明的父亲一起生活的沈清，为了治疗父亲的眼睛，对佛许愿。为了筹措 300 石供奉米，沈清卖身于中国商船成为海神供品，投身于海上航路上的叫做印塘水的险处。不久，化身为莲花的沈清被献给皇帝，沈清生还后成为皇后，与父亲再会。父亲惊喜之余，双目复明。

⑤ 《兴夫传》：通过正义的弟弟兴夫与贪婪的哥哥诺夫两位人物来表现兄弟间的友爱与善恶的故事。

朝鲜时代的水钟——自击漏

但是，因为东亚社会中汉文已经成为“国际通用语”等原因，韩字受到了统治阶层的冷遇。因此，其将韩字看做是女性或僧侣所使用的文字，称呼韩字为“女字”或“僧字”等来代替“训民正音”这个正式称呼。统治阶层将韩字用于公文，则是在1894年甲午改革之后，那时距离韩字创制已经过去450年之久。

从第四代王世宗到第九代王成宗统治时期的15世纪，除了韩字的创制之外，在其他多方面，文化和科学技术取得进步，是朝鲜历史上取得了值得瞩目的发展的时期。这一时期，编纂出版了《高丽史》《东国通鉴》等史书以及地理志《世宗实录地理志》、汇集了农业相关知识的《农事直说》、对700余种国产草药进行解说的《乡药集成方》、中医方百科书籍《医方类聚》等。另外，为了提高农业生产，还编纂了朝鲜自己的历法《七政算内篇》等历法书籍，制作了利用日影测时的仰釜日晷、自击漏等钟表，以及测量降水量的测雨器等。

首阳大君的政变：癸酉靖难

名君世宗在位时巩固了国家的统治基础，朝鲜王朝似乎已经安定。但是就在世宗死后仅仅三年，统治阶层内部就发生了大的混乱。1453 年，世宗的次子首阳大君发动了政变，史称癸酉靖难。所谓“靖难”，为“平定变乱”之意，因发生于癸酉年，故称“癸酉靖难”。

世宗之后继位的第五代王文宗（1450 ～ 1452 年在位）健康状况不佳，即位两年后就死去，其子端宗继位时年仅 12 岁。文宗因担心其年幼之子，曾在死前遗言托付皇甫仁（领议政）、金宗瑞（右议政）、南智（左议政）等大臣保护端宗（1452 ～ 1455 年在位）。皇甫仁、金宗瑞等人因此掌握了政权。

为了从其手中夺回政权，端宗之叔父首阳大君于 1453 年发动了政变。政变中，首阳大君与韩明浍一起杀死右议政金宗瑞，并先是处以流刑后又以王命为名赐死其弟平安大君。1455 年，首阳大君即位为王，即世祖（1455 ～ 1468 年在位）。

不过对于首阳大君登上王位之事，并不是所有人都接受。很多臣下援引“不事二君”的原则对世祖篡夺王位进行谴责。世祖即位的翌年，就发生了成三问、河纬地、李垲、柳诚源、朴彭年、俞应孚等人为端宗复位而计划暗杀世祖的事件。不过该计划因事前泄露而被镇压，成三问等相关人员全部被处死。其被称之为“死六臣”[①]。因该事件，端宗被从王降格为“鲁山君”，并被处以流刑，进而被贬为平民，不久死去。

世祖虽然是以政变这种不当手段获得王位，但其留下为数众多

---

① 死六臣：成三问等被处刑的六人被称为死六臣，与此相对，对世祖进行批判并辞官的金时习、元昊、李孟专、赵旅、成聃寿、南孝温等六位大臣则被称之为“生六臣”。

的政绩也是事实。

其正确地掌握家庭户数，在对兵役制度进行改革的同时，整顿了国防制度。进而，为确保稳定的国家财政，奖励养蚕，推进农地开垦，改革财政制度。此外，其认为有必要采取加强王权和富国强兵政策，对儒教进行抑制，对民间信仰和道教、佛教等进行尊重。作为佛教政策，其兴建了圆觉寺，刊行了《月印释谱》，并从国家角度推进对佛教经典的韩字翻译①工作。对基本法典《朝鲜经国典》进行增补完善的《经国大典》的着手编纂也是在世祖时期。

世祖的上述政策带来了王权地位的提高和财政的稳定，但也引起了官僚和地方地主的不满，导致了李施爱之乱等的地方豪族的叛乱。

1468年，世祖在位13年后故去，其子睿宗继位，但睿宗即位后不到一年就死去。其后，13岁的成宗（1469～1494年在位）即位。

成宗改变了世祖时期的政策，推进儒教政治，推动作为建国功臣的勋旧派大臣与重视性理学政治的士林派大臣之间的合作和调和，完成了建国以来的文物、制度的完善事业。其在完成了世祖时期着手编纂的《经国大典》的同时，刊行了地理志《东国舆地胜览》、

① 佛教经典的韩字翻译：朝鲜王朝时期，作为国家统治理念对儒教给予了重视，而对佛教、道教、民间信仰采取了排斥、压制的政策。但是，从高丽时代以来，这些已经在民间扎根，排斥政策实际上是无法实现的，因此虽然国家对寺院数量和僧侣数量进行了严格的管制，但是对人民的信仰自由还是认可的。另外，祈求王室安宁和王族冥福的佛教仪式也被作为国家仪式而盛大举行。也就是说，王族虽然将儒教作为统治理念进行了重视，但对作为人们的精神依托的佛教以及民间信仰也给予了承认。

诗文集《东文选》、通史《东国通鉴》等，留下了巨大政绩。

燕山君与士祸的开始

朝鲜王朝的27位王的王号，几乎都冠以“祖”或“宗”的称呼。但其中有两人被冠以“君”的称号，分别是第十代王燕山君（1494 ~ 1506年在位）和第十五代王光海君（1608 ~ 1623年在位）。在后世评价中，“君”意味着不被承认为王，其只指王子的身份。“燕山君”属于因施行暴政而被流放的名声不佳的王。

燕山君为第九代王成宗的长男。其在1494年，即19岁时登上王位。在即位之初，其尚有试图巩固国防等的高涨的政治热情。但不久，燕山君就沾染上了奢侈放荡的生活恶习。

当国王对政治不再关心时，官僚同事之间的对立就变得激烈起来。当时朝鲜的中央政界被分为勋旧派和士林派两派，权力斗争在两者间展开。前者属于建国功臣或通过与王族的联姻而在政界掌握着权力的官僚势力，后者则是地方地主出身、在地方从事着性理学（通过自我修养来把握理，以此来维持社会秩序，并对社会进行文治的思想）的研究，并试图将其理念体现于中央政界的新进官僚势力。他们在成宗为充实儒教政治而选拔、录用人才过程中进入了中央政界。

燕山君即位后，在着手编纂记载上一代王历史的《成宗实录》之际，勋旧派对士林派史官金驲孙将金宗直抨击世祖篡夺王位的文章纳入实录草稿一事进行指责，并煽动燕山君对士林派进行清洗。

1498年，燕山君将大量的士林派人士处以死刑或流刑。史称“戊午士祸”。

所谓“士祸”，主要指由于勋旧派的缘故，士林派被镇压、清洗的事件。“戊午士祸”之后，大的士祸还有“甲子士祸”（1504年）、“己卯士祸”（1519年）、“乙巳士祸”（1545年）。

戊午士祸使得士林派受到排斥，燕山君的放荡生活更加无忌，国家财政陷入混乱。不久，对国王放荡生活进行批评的大臣们与燕山君之间的对立达到极点。

而一直在寻找压制臣下机会的燕山君，于1504年在获知过去其生母被废赐死之事实后，以此为口实，对与生母之死有关的人，无论属于勋旧派还是士林派，一律进行了清洗。勋旧派大臣与逃过戊午士祸的士林派大臣共数十人被处以死刑。史称“甲子士祸”。

燕山君是很少见的暴君，其轻视作为统治理念的儒学，从全国征集美女培训为官妓，并将作为国立大学的成均馆改为游乐场所。无法忍受其放荡生活的勋旧派，以朴元宗、成希颜、柳顺汀等为中心，于1506年发动了政变。燕山君被废黜王位，成宗的次子晋城大君被拥立为王，即中宗。该政变被称为“中宗反正”。被废黜了王位的燕山君被流放到江华岛，两个月后病死。

从士祸到党争

中宗（1506 ~ 1544年在位）为了重建燕山君时期被搞乱的国政，决定将立足于性理学理念的政治作为其基本，大量起用士林派人士。

成为其中心人物的是赵光祖[①]。赵光祖（1482 ~ 1519）立足于性理学的理念，着手国家改革，以谋求儒教道德的普及、农村的相互扶助以及民众福利的增进。

由于赵光祖的缘故，与其接近的新进的两班阶层进入中央政界，与在拥立中宗过程中立下功勋的勋旧派官僚之间发生对立。

对赵光祖怀有反感的勋旧派的南衮、沈贞与洪景舟合谋，指责赵光祖结党贪求私利私欲，试图扳倒赵光祖等士林派。以此为契机，开始了对士林派的大规模清洗。在该事件中，赵光祖被处以流刑，大量士林派人物被处死。赵光祖本人其后也在流放地全罗道和顺死去。这就是史上的“己卯士祸”。

赵光祖等的士林派改革政策的目的是，收拾燕山君以后的社会混乱局面，树立国家新秩序。但是由于其手法过于激进，招致了持有既得权力的勋旧派势力的反对，终使改革归于失败。而由于该次士祸，士林势力遭到了巨大打击。

不过，由于士林派在乡村拥有大量农庄，又通过书院建立了稳固的组织基础，所以，即使经历了四次士祸，其进入中央政界之路也没有断绝。也正因为此，赵光祖所提倡的政治理念，在宣祖以后再次成为进入政界的士林派的理念支柱，对李滉[②]（1501 ~ 1570）、

---

① 赵光祖：文臣。士林派领袖。主张实现王道政治，获得中宗信任，推进了实施贤良科（通过实践性的试题来选拔精通经学的优秀人才的科举科目）和废止昭格署（道教寺院）等的改革，但由于南衮等勋旧派的原因，不得不下台并被赐死。

② 李滉（李退溪）：文臣、儒教学者。号退溪。其在儒学方面主张理气互发说，建立了岭南学派。与李珥的畿湖学派形成对立，与东人、西人党争也交织在一起。对日本儒学界也产生很大影响。后来又设立了陶山书院，致力于培养后辈和从事儒学研究。

李珥[1]（1536 ~ 1584）等儒家学者给予很大影响。

宣祖时期，赵光祖的名誉被恢复，其成为士林派的精神象征，对朝鲜后期的政治产生巨大影响。不过，到了16世纪后半期，士林派政权成立，进入中央政界的人数增加，围绕着数量有限的官职，士林派内部也反复出现对立抗争。这即所谓的党争。其发端是1575年围绕着掌握官僚人事权的职位，金孝元和沈义谦之间所产生的对立。士林派官僚由此被分为金孝元的东人派[2]与沈义谦的西人派两派，其间反复进行着论争。

不久，东人派内部围绕着对西人派的态度问题产生分歧，分裂为主张强硬的北人派和主张稳健的南人派；进而，北人派围绕着针对南人派的态度问题，又分为主张强硬的大北派和主张稳健的小北派等，不断重复着对立与分裂。

另外，上述党争，与围绕朝鲜性理学的见解问题所产生的对立也深深地纠缠在一起。由朝鲜性理学在思考宇宙和事物的成立时的见解的不同，官僚阶层被划分为李滉的岭南学派和李珥的畿湖学派，反复进行着论争[3]。不久，其与党争结合在一起，并在子孙或乡村的同族间以及老师与弟子间被继承延续，在长时期内导致政治处于混

---

① 李珥（李栗谷）：文臣、儒教学者。号栗谷。历任刑曹、兵曹判书等要职，倡导“十万养兵说”，致力于大同法的实施。在儒学方面，主张理通气局说，建立了畿湖学派。与李滉的岭南学派相对立。

② 东人派：东人派因其中心人物金孝元的宅邸位于汉城的东侧、西人派因其中心人物沈义谦的宅邸位于汉城的西侧而得名。

③ 朝鲜性理学与党争：东人派多支持李滉的学说，而西人派则多支持李珥的学说。

乱之中。该混乱，又如后文所述，导致了对壬辰倭乱、丁酉再乱（文禄、庆长之役）的应对的迟滞，对朝鲜王朝后期的政治社会带来很大影响。

三浦倭乱与倭寇

朝鲜王朝从建国之初就为南部地区的沿海一带频繁到来的倭寇所困扰。所谓倭寇，指的是 13 世纪到 16 世纪间在朝鲜半岛和中国沿海地区活动的海盗集团。由于高丽末年倭寇所造成的损失就很大，所以，高丽王朝和朝鲜王朝为减少倭寇所造成的损失，对倭寇采取了讨伐或怀柔政策，但是并不能从根本上消灭倭寇。面对倭寇的持续进攻，1419 年，朝鲜对据认为是倭寇大本营的对马进行了大规模的讨伐。韩国将该次讨伐称之为己亥东征，日本则称之为应永外寇。

其后，朝鲜与日本在 1443 年缔结了癸亥条约，开放了釜山浦、荠浦（乃而浦）、盐浦（蔚山）三个港口对外通商。另外，还在港口设置倭馆，目的是为了能对倭寇和普通日本人进行识别，对人数和往来的次数等进行统一管理，以便于完成交易。上述三港被合称为“三浦”，在该地所设置的倭馆被称为“三浦倭馆”。朝鲜方面对与日本交易的统一管理暂时发挥了作用，对日关系也安定了下来。但是，进入 16 世纪以后，日本方面的交易要求增强，尽管朝鲜王朝方面进行管制，但在倭馆居住的日本人的数量在渐渐增加。因担心日本人的急增，朝鲜王朝加强了管理，而居住在三浦的日本人则在对马的援助下屡次发起叛乱。其中最大的一次是 1510 年发生的三浦之乱

（三浦倭乱）。

由于该叛乱的发生，居留在朝鲜的日本人被驱逐，日本与朝鲜的国交也进入中断状态。叛乱结束一年后，日本的室町幕府派遣使臣要求重开朝鲜与对马间的通好。朝鲜方面虽然有意见分歧，但还是在附加条件后响应了日本方面的和议，于1512年与日本缔结了壬申条约，允许重开贸易。不过，在该条约中，日本人在三浦的居住被禁止，并规定限制从对马来的船只，禁止进入汉城的日本人携带武器。

受到日本人叛乱的影响，朝鲜王朝设立了担当国防的称为“备边司”的机构，以防备倭乱。不过，在16世纪末的一边倒的文治政治的背景下，该机构并未发挥作用。受党争的余波影响，左右国家存亡的国防课题，未能得到推进。

1583年，当担任了兵曹判书（国防部长）的西人派李珥提出“十万养兵说”、向国王建议加强国防之时，东人派也认为其是在对和平局面别生枝节而进行了反对。如后文所述，对于丰臣秀吉侵略朝鲜，朝廷内部的意见也有分歧，最终招致了巨大损失。

壬辰倭乱的爆发

当朝鲜国内政局因士祸和党争而动荡之时，日本国内室町幕府垮台，经过战国时期的战乱之后，丰臣秀吉掌控了天下。丰臣秀吉试图利用地方大名的势力，将其影响力延伸到朝鲜半岛和中国大陆，成为东亚的支配者。而朝鲜，则因为党争的缘故，对丰臣秀吉对朝鲜的侵略未能采取有效的对应策略。

1587 年，丰臣秀吉向朝鲜派出使臣，提出为征伐明，需要从朝鲜过境。而朝鲜则先是以使臣所持文书的内容过于傲慢为由拖延回复，后又于翌年回复说无法派遣通信使。

两年后的 1590 年 3 月，朝鲜派遣黄允吉（1536 ~ 1593）和金诚一（1538 ~ 1593）赴日本，探听日本进攻朝鲜的可能性。

该二人返回朝鲜之后，关于日本进攻朝鲜的可能性，西人派的黄允吉提出“有可能进攻”，并主张对日本进行警戒；而东人派的金诚一则对黄允吉的主张进行了指责，进而提出了对日安心论。最终，未能得出结论，而对丰臣秀吉侵略朝鲜的相应对策也因此被延误。实际上，这并不是因为侵略朝鲜的真伪难以推测所导致的无法得出结论，而是由于存在东人派与西人派间派阀对立的结果。1591 年对马使臣向朝鲜传达一年后将展开进攻的信息，朝廷因此命令进行防备，但成效并不明显。

描述了釜山镇攻防战的釜山镇殉节图
（首尔・陆军士官学校博物馆藏）

这时，从日本传来的要求是要朝鲜成

为日本的“征明向导”（也称“假道入明”，即向朝鲜借道以便征明）。这实际上意味着对明和朝鲜的宣战公告。

丰臣秀吉将僧侣派到朝鲜充当特务，调查朝鲜半岛的地形以及政治状况等，着手推进进攻朝鲜的准备工作，并以九州、四国、中国地方的大名为中心重新组编军队，以小西行长、加藤清正、黑田长政等的军队组成先锋。

1592 年 4 月 13 日，小西行长的先锋进攻釜山浦，攻陷釜山城、东莱城。接着加藤清正的军队在釜山、黑田长政的军队在金海登陆，到 5 月之前已经有 20 万余人的军队在朝鲜登陆。再加上朝鲜方面应战较少的缘故，釜山登陆后不到两个月的时间内，朝鲜全境就陷入了被日本军队蹂躏的危机之中。用尽了所有可能办法之后，朝鲜国王宣祖放弃汉城逃往明，并向明朝请求援军。明朝派出了李如松所率的援军，并于 1593 年在平壤打败了小西行长的军队，但其后则大败于小早川隆景的军队。为了挽救陷入危机的祖国，被称为“义兵”的义军（义勇军）集团在朝鲜兴起。所谓义兵，指当外敌入侵之际，未等待国家之命令或征兵而自发兴起的民兵。

义兵与李舜臣（1545 ~ 1598）的水军一起发展成为困扰着日军的主要力量。与朝鲜官军未进行充分的战斗就节节败退形成对比，义兵则或在各地袭击日军的驻屯地，或奇袭行进中的日军，给日军以打击。义军以地方两班中有声望的人士为主要倡导者，通过其门生动员地方民众或奴婢的形式被组织起来。义兵之所以拥有强大的组织力量，是由于以书院为中心的牢固的学缘、地缘关系存在的结果。义兵在身份方面，包含了从两班到贱民在内的广泛阶层，但其主力则为农民阶层。此外，还有由寺院的僧侣组成的称为“义僧军”的义兵。

原本义兵是由在日军侵略之下为保卫乡土而奋起的人们所组成，拥有着与当地相关的地理风土知识，其采取利用地利伏击或奇袭日军等的游击战术，给日军造成了巨大损失。

李舜臣肖像

义兵最早被组织起来的是日本军队早期所侵入的庆尚道，指挥者为庆尚道宜宁的郭再祐（1552 ~ 1617）。因郭再祐身着红色的服装而被人称为“红衣将军”，为日军所惧怕。郭再祐所率义兵部队人数有 2000 人，拥有令人自豪的能够消灭日军主力部队的强大战斗力。除了郭再祐所率义兵之外，全罗道的高敬命、忠清道的赵宪、僧侣灵圭等所率的义兵在全国各地对抗着日军，展开着激烈的战斗，取得了巨大战果。

朝鲜之所以能够击退日军，除了义兵的活动之外，很大程度上依靠的是名将李舜臣所率领的朝鲜水军大显身手的结果。李舜臣从战争开始前一年就着手防备日军入侵。进而改良了朝鲜初期制造的龟船，建造了龟甲船。该船以木制成，外部包裹铁板，其上装有刺状的铁椎和尖刀，可以防止敌人侵入。另外，因为从外部防护了桨手，故可接近日本船只以大炮或枪进行攻击。该船在与日本军的海战过程中发挥了巨大威力。由于上述义兵的活跃，战线陷入胶着状态，朝鲜与日本进入休战，明朝军与日本军间进行了议和，战乱暂时结束。

不久，日本与明朝间的议和谈判破裂，1597 年丰臣秀吉派遣十四万七千余人出兵朝鲜。“丁酉再乱”，即日本所称的庆长之役爆发。日军的目的是占领第一次侵朝时未能成功占领的朝鲜半岛南部的全罗道、庆尚道、忠清道、京畿道。

由于遭到日本水军的奇袭，李舜臣的继任者元均惨败。李舜臣随后立刻着手恢复水军，并于鸣梁海峡[①]与日军展开战斗，获得大胜。鸣梁大捷与闲山岛[②]大捷一起构成了李舜臣的两大战绩，这两次海战的胜利成为日本军败退的决定性原因。

开战后两个月间攻陷了平壤的日军，在义兵的抵抗之下，未能扩大进攻，反而开始收缩。义兵的游击战毁掉了日军的后方阵地，而船只的补给也为李舜臣的水军所断绝。日军向作为粮仓地带的全罗道地区的陆路入侵也由于义兵的抵抗而无法进行。

1598 年 8 月，丰臣秀吉死去，日军一起开始撤军。11 月，李舜臣追击逃走的日军，进击朝鲜半岛南部的露梁，战斗中胸部中弹。据说其死前曾遗言不许张扬其死一事（译者注：由部下代为指挥继续战斗）。

这样，持续了七年的战争终于结束，朝鲜在战争中不仅付出

---

① 鸣梁海峡：位于朝鲜半岛西南、是全罗南道海南郡与珍岛郡（珍岛）之间海峡。

② 闲山岛：位于朝鲜半岛东南，庆尚南道统营市闲山面所属岛屿。

了巨大的人员生命损失，而且还遭受了莫大的财产损失。土地台账和户籍册大部分被烧毁，国家运营陷入瘫痪状态，耕地面积也减少到三分之一以下，国家租税收入锐减。另外，大量宝贵的文化财富被夺走或被烧毁。以战争为契机，朝鲜的身份秩序开始动摇。

日本德川家康取代了丰臣秀吉统一了全国后，朝鲜接受德川幕府的议和要求，向日本派出了使节，1609 年与日本缔结了己酉条约，重开贸易。日本通过从朝鲜带走的活字、绘画、书籍以及俘虏的工匠、知识分子，使得其包括性理学在内的众多的学问和技术得到了发展。而明朝因战争之故消耗了国力，财政窘困，叛乱迭起；在北方，女真族乘着明朝的衰落建立起“后金”政权。

这样，“壬辰之乱”、“丁酉再乱”成为原本在东亚儒教文化圈内被认为是后进国家的日本和女真族取得发展的契机，而自认为是中华文化的正统的明朝和朝鲜则衰退了下去，这使得东亚国际秩序发生了重大变化。

中医学之粹《东医宝鉴》

在与中国的关系上，朝鲜属于文化输入国。中国属于朝鲜所信奉的儒教的宗主国、汉字文化圈的中心之国，因此，文化输入不可避免。不过，朝鲜的一些书籍也被输出到中国。其中被中国人广泛介绍的是许浚（1546 ~ 1615）的《东医宝鉴》。中国的医学者也将《东医宝鉴》评价为“补充了之前所出医学书籍之不足的天下之宝”。另外，《东医宝鉴》不仅在中国，而且在日本也被当做中医学的基础教材而使用。在朝鲜，《东医宝鉴》的简本在市面上流通，向普通人广泛普及着医疗知识。即使是过了400年的今天，《东医宝鉴》仍然作为中医学的基础教材而被广泛使用。

1596年，宣祖任命许浚为编纂的总责任人，命其着手《东医宝鉴》的执笔工作。但是在着手一年后，爆发了丁酉再乱（庆长之役），工作中断。战后，宣祖再次命令许浚进行编纂作业。在战后严苛的形势下，许浚几乎是一个人执着于该庞大著作的编纂之中。即使在宣祖亡故之后编纂作业仍然在继续，到了1610年（光海君二年）编纂终于完成。到执笔结束为止一共花费了14年的时间，而之后为了印刷该25卷25册书籍，又花费了三年时间。命令编纂此书的宣祖一直对该编纂事业给予了支持，为编纂完成而高兴的光海君也对该书给予了全面支援。《东医宝鉴》的编纂实际上是花费了17年的时光而完成的大规模的国家事业。两代之王对该书刊行给予了如此之关心，有着其自身理由。

朝鲜时代中期，明朝医学的传入成为医学发展的契机，但是由于其未被体系化，而且并未考虑朝鲜人的体质特征，所以使得朝鲜医学陷入混乱状态，另外，战争以及气候异常也使得感染症以及其他疾病蔓延。

许浚整理了在那之前由其他朝鲜人所完成的《乡药集成方》与《医方类聚》等医书，并参考了中国的医学书籍，完成了符合朝鲜风土与朝鲜人体质的、体系化的医学书籍。另外，其为了使医术大众化，还著作了韩字版的医书（将医书译为韩字版）《谚解救急方》《谚解胎产集要》等。

光海君的内政与外交政策

第十五代王光海君致力于壬辰倭乱中所荒废的土地的恢复，在国政改革、财政重建、国防强化、文化事业等方面留下了诸多业绩。同前面所述的燕山君一样，之所以其名字冠以“君”字，这是由于后来其被反对他的西人派政变（仁祖反正）废掉了王位的缘故。但光海君仍属在战乱之后使国家复兴，完成了与后金、日本媾和等拥有卓越外交手腕的名君。

光海君首先着手的是通过大同法的实施来减轻农民的纳贡（年贡）负担和改革国库财政。此前国家规定要求缴纳各地的特产物作为年贡，而大同法作为新的纳税制度则要求将年贡统一换算成米谷来进行缴纳，该法律在光海君继位的1609年首先在京畿道实施。

作为朝鲜财政收入之一的贡税，并非是以农民的产品为基准的课税，而是以国家的需要为基准的课税，所以，就导致了可能要求必须缴纳该地所不出产的产品等不合理的课税情况。这对于不出产所要求缴纳的产品的地区来说，会成为非常沉重的负担。

另外，光海君为了税收以及劳役的公平实施，整顿了相当于户籍法的号牌法，同时，进行土地丈量、调查耕作面积，以努力确保国家财源。进而，于1609年完成了因战争被烧毁的昌德宫的重建工程，接着又重建了庆德宫、仁德宫，集中力量恢复被破坏的王都。

此外，还着手推进城阁和兵器的修理、书籍编纂、史库[①]的修建、《东医宝鉴》的编纂等战后的恢复工作。

光海君的政绩中应该注目的还有，在动荡的国际形势下，其所追求的重实利轻名分的自主外交政策。在女真族建立后金后，光海君作为国防政策铸造了大炮，对后金进行积极警戒，进而，其认识到了后金的强大，为避免战争（译者注：在明朝与后金间），贯彻中立的态度。

1618 年女真族后金的努尔哈赤（后来的清太祖）对明朝展开进攻，明朝要求朝鲜为征伐后金提供援军。在“倭乱”之际，明朝对朝鲜曾有过提供援军之恩。不过，在国内复兴还未充分完成之际，光海君对于与后金交战踌躇不决。

光海君虽然派遣了姜弘立和金景瑞率军队一万多人援助明朝，但同时又命令其可观望形势而投降。明军败给后金之后，姜弘立降于后金，并辩称出兵非自本意。正是由于该辩解的缘故，使得朝鲜免于战乱。

另外，光海君还与日本方面努力改善关系，于 1609 年缔结了己酉条约，由此恢复了因壬辰倭乱而中断的对日外交，使两国间的使臣往来成为可能。从当时的性理学的观念角度来看，无论是投降于正入侵着对朝鲜有着大恩的明朝的野蛮的“北狄”，还是与“倭贼”缔结和约，都是不可想象的。而朝鲜所采取的上述外交政策，可以

---

① 译者注：史库，指朝鲜王朝时代为保存《朝鲜王朝实录》以及其他国家重要文献所设置的书库。

说正是光海君面对现实的优秀的外交见解的体现。

光海君卓越的国际认识使得朝鲜避免了后金的侵略，又得以与日本签订和约。不过，光海君如此巧妙的外交战略最终还是由于政变的缘故成为泡影，结果，朝鲜再次被卷入战乱。

1623 年，西人派打着“崇明排清”的旗号，拥立绫阳君，发动了宫廷政变。史称“仁祖反正”。西人派发动政变、废黜光海君时所提出的大义名分（正当理由）是，光海君忘记了壬辰倭乱之际明朝对朝鲜的“再造之恩”（重建国家之恩），忽略了与明朝的关系，反而通过与后金议和等与野蛮人进行交流。

这次政变中，光海君被剥夺了王族身份，并被流放到江华岛。而光海君的支持势力北人——大北派的大臣则有很多人被处死，或被处以流刑。同年，绫阳君登上王位，即仁祖。而打着“崇明排清”的旗号，拥立了仁祖的西人派政权，则自然会加深与后金（清）的对立。

第 4 章 社会的变化与实学

概要

第十五代王光海君（1608 ~ 1623 年在位）凭借卓越外交手腕，在壬辰倭乱、丁酉再乱（文禄、庆长之役）之后不到 10 年，就与日本间恢复了邦交，开始了朝鲜通信使的往来。

但是，光海君在 1623 年的仁祖反正（拥立仁祖、赶走光海君的政变）中被赶下了王位。拥立仁祖的西人派政权提出了“崇明排清”的主张，与后金（后来的清）进行对立，招致了与后金之间的战争——“丁卯胡乱”（1627 年）和“丙子胡乱”（1636 年）。朝鲜在此战中失败，接受了对清朝行臣下之礼的要求，而昭显世子和凤林大君二位王子则被作为人质带往清国。经历了异国之艰苦生活而回到朝鲜并成为第十七代国王孝宗的凤林大君，展示了讨伐清朝的志向，提出了“北伐论”的主张，加强了军备。但最终未能转为具体的行动。

在朝鲜，从光海君到第十九代王肃宗（1674 ~ 1720 年在位）时期，着力进行为战火所荒废的农村的复旧工作以及为重建已经枯竭的国家财政而进行改革。进行了土地制度的整顿，以减轻农民的租税负担为目的的“大同法”也在全国实施。农业技术也获得发展，工商业也变得活跃。

第二十一代王英祖（1724 ~ 1776 年在位）、第二十二代王正祖（1776 ~ 1800 年在位）时，通过“荡平策”从各党派公平录用人才，迎来了没有党争的安定时期。另外，还通过实施“均役法”来改变缴纳军布的不合理状况，同时，设立奎章阁来着力振兴学术。

但是，虽然实施了减轻租税负担等的措施，但由于农业生产的增加、货币经济的发达所带来的富农与贫农的差距的扩大，两班与良人、奴婢间的严格的等级上下关系崩溃，带来了社会的混乱。再加上，作为统治理念的儒教朱子学变为政争的工具，成为脱离实际的空论，难以成为解决实际社会问题的手段。

另一方面，离开了中央的学者中，产生了以纠正上述社会问题为目的的北学和实学思潮。实学者们对从清朝传入的西学（西洋的自然科学、西洋思想、天主教等）进行研究，以期对社会改革发挥作用，而正祖也对这些实学者进行积极的任用，努力进行社会改革。

不久，在这些实学者中，有些人在对西学研究过程中，为天主教所吸引，进而入教。这样，天主教传入朝鲜，由于其主张平等思想和来世思想，在两班阶层之外，也逐渐增加着信徒。但是，天主教由于其教理对儒教的祭祀进行否定成为问题，被视作为邪教。

1800 年正祖死后，纯祖作为第二十三代王而即位，1801 年进行了对天主教的镇压——辛酉迫害。由此，被正祖所重用的实学者们或被处死或被流放。不久，则开始了由纯祖的外戚安东金氏所进行的势道政治（由掌握政权的家族左右国政的政治）。

与日本的议和与朝鲜通信使

如前章所述，壬辰倭乱、丁酉再乱（文禄、庆长之役）使得从15世纪初期开始延续下来的日本与朝鲜之间的通好关系①被中断。朝鲜深受战争之害，将日本视为不同戴天之敌国，并将丰臣秀吉说

朝鲜通信使来朝图（羽川藤永　肉笔画　神户市立博物馆）

① 日本与朝鲜的通好关系：来自朝鲜半岛的使节“通信使”并不是朝鲜王朝之后才开始往来的，早在高丽时代的1375年，为向室町幕府请求禁止倭寇，罗兴儒即作为通信使被派往日本。对于高丽的要求，足利义满给予了回应，对倭寇进行了镇压。室町时代的通信使往来共有三次，即1428年、1439年、1443年。另外，朝鲜方面15世纪所著的东渡日本传记有宋希璟的《老松堂日本行录》、申叔舟《海东诸国记》。

成是“万世不忘之仇”（万世都不能忘记之敌）、“此贼乃吾邦百年之仇”（此贼是我国百年之敌）。

但是，日朝的外交关系却出乎意料地早早获得了恢复。这是光海君施展卓越的外交手腕的结果。

当时，中国大陆的明朝农民起义频发，而后金（后来的清）则兴起，东亚形势开始呈现变化。为了谋求朝鲜半岛南部的安定，也需要与日本快速恢复邦交。因此，在丁酉再乱结束后不到 10 年的 1607 年，朝鲜向日本派出使节，重开邦交。

不过，该议和的机会却是日本方面的外交窗口对马藩为图自己方便而自行制造出来的。对于财政收益的大部分都依赖于对朝鲜贸易的对马藩而言，与朝鲜通好的中断状态如果长期持续的话，就会成为事关其存亡的问题。

对马藩主宗义智在向德川家康请求恢复与朝鲜的邦交的同时，自行返还了朝鲜的俘虏，并向朝鲜派出使者。朝鲜方面一致认为与日本通好是不可回避的问题，其向对马藩答复说，如果能够提交“德川家康的谢罪书”以及引渡“战争期间破坏王陵的犯人”，则会同意议和。但实际上这样内容的书信是不可能从江户幕府得到的。对马藩伪造了“德川家康的谢罪书”，并在向死刑犯讲明不得已的情况后，以死刑犯冒充为“冒犯了陵墓的对马岛二人”交付给了朝鲜。

朝鲜方面虽然也考虑到了伪造文书和伪装犯人的可能性，但为了通过建立邦交关系来防止战争的再次发生、为了能够通过派遣通信使来刺探日本的政情，还是接受了对马藩的书信。

经过上述过程，1607 年，朝鲜向日本派出了江户时代最初的通信使[1]，并于1609年与日本缔结了“己酉条约”，恢复了邦交。这样的使节团往来，到1811年为止共进行了12次，其中第一次到第三次被称为“回答兼刷还使”。即其主要目的是对对马的宗氏所伪造的国书的回答和将被掳往日本的朝鲜儒家、陶工等俘虏带回朝鲜。另外，搜寻日本国情方面的情报也是其目的。

但是，因为1631年的“柳川一件”[2]事件，伪造国书一事曝光，以此为契机，使节团往来的名称由“回答兼刷还使”改为“朝鲜通信使”，其角色也转为外交使节和文化交流使节。

整个江户时代一共被派遣了12次的朝鲜通信使，其并不是只单单拥有政治意义的外交使节。通信使一般有人约300～500人随行，携带国书和礼物，来往于釜山与江户之间。往返于江户的大约六个月期间，通信使受到所经过的江户、京都、大阪，以及其他沿途各地的郑重欢迎。在通信使所住宿之地，也聚集了众多的文人墨客来进行交流。另外，幕府有威望的学者与朝鲜通信使之间的诗文的交流也在进行，这包括藤原惺窝为首的儒家同行间的交流。因此，朝

---

① 江户时代的朝鲜通信使：1607年（修好）、1617年（贺大坂之役的胜利·日本的统一）、1624年（贺德川家光袭位）、1636年（贺日本泰平）、1643年（贺德川家纲诞生）、1655年（贺德川家纲袭位）、1682年（贺德川纲吉袭位）、1711年（贺德川家宣袭位）、1719年（贺德川吉宗袭位）、1748年（贺德川家重袭位）、1764年（贺德川家治袭位）、1811年（贺德川家齐袭位）。其中，到第三次为止为“回答兼刷还使”，并兼搜寻国情。此后为“通信使”。最后一次的1811年的往来止于对马。

② 柳川一件：由对马大名宗义成与家老柳川调兴间的御家骚动（译者注：大名家内部纠纷）导致国书的伪造、篡改被曝光，成为幕府外交方面的重大问题的事件。由于最初的朝鲜使节是为回答德川家康的国书而来的“回答兼刷还使”，所以每当朝鲜使节来日本时，对马藩相关者都不得不进行伪造国书，将朝鲜方面的书信由“回信”篡改为“来信”的形式。

鲜方面会派遣当代第一流的儒教学者担当通信使。对朝鲜思想家李退溪的评价，因为这样的交流在日本也变得很高，林罗山、贝原益轩、三宅观澜、山崎暗斋等成为其尊崇者。记载了朝鲜正使赵泰亿与儒教学者新井白石之间的交流情况的《江关笔谈》很有名气。

儒教学者雨森芳洲在对马藩任职，曾在釜山的倭馆滞留，活跃于对朝鲜的应对。1711 年、1719 年朝鲜通信使的往来时，其随从通信使赴江户。其朝鲜语和中国语能力高，在协助朝鲜方面编纂了日语字典《倭语类解》的同时，著作了朝鲜语学习书籍《交邻须知》。该书到明治中期一直被作为朝鲜语的入门书而广泛使用。

另外，因为在江户时代，从朝鲜传来的《医方类聚》《东医宝鉴》等已成为医生的必携书籍，所以，应幕府的要求，通信使团中有良医或医务人员参加被作为了惯例，其会在各地围绕着医学展开问答。

在通信使所经过的沿途的普通百姓，对通信使队伍也会关注。流传于今天的唐人舞（三重县津市分部町、铃鹿市东玉垣町）、唐子舞[①]（冈山县濑户内市牛窗）等，就是模仿身着色彩鲜艳的服装的通信使队伍而形成的祭祀仪式活动。进而，滋贺县五个庄町的小幡泥偶等中，也有通信使泥偶流传了下来。另外，以浮世绘“朝鲜通信使来朝图”为代表、带有相关通信使的图像的屏风、插图书等也大量绘制、出版。歌舞伎、净琉璃的曲目中也流传下来以朝鲜通信使为题材的“世话料理鲈包丁”、“汉人韩文手管始”、“世话侍立唐

① 译者注：唐子舞由穿着体现朝鲜文化的服装的二人童子所表演。在秋祭活动中进行。

缝针”等。

朝鲜通信使在名义上是为了祝贺将军家而来的使节，但对于日本来说，也是接触异国文化的宝贵机会。

幕府方面，以老中作为朝鲜通信使的款待负责人，并命令通信使所经过的道路沿线的大名从江户回到本领国进行相关的准备。朝鲜通信使被当做国家级的交流，而接待则被当作夸耀日本国力、展示幕府之威力的机会。在住所的新建、船队的组成、道路的修缮、工人和马匹的调集等的准备，以及奢华的饮食的备置方面，投入了巨大的费用。一次通信使的接待所花费的费用据说需要 100 万两。

1787 年德川家齐就任将军时，由于天明大饥荒所造成的财源不足的缘故，老中松平定信要求通信使延期，并询问了将通信使的接待和邀请地点由江户改为对马的可行性。由此，1811 年所实现的朝鲜通信使的来访止于对马。

1837 年德川家庆成为将军时，因为经费削减的缘故，曾探讨将最终邀请地点由传统的江户改为大坂，朝鲜方面也给予了谅解，不过，由于双方各自国内情况的缘故，通信使的派遣一直推迟，最终被中止。

进入 19 世纪后，朝鲜方面，在被称为“势道政治”的门阀政治统治下，国政混乱、疲敝，农业连续歉收，形势已经不允许再派遣朝鲜通信使，这样朝鲜与日本间就仅在对马藩与朝鲜之间延续着通好的状态。

不过，这最终也由于日本的明治维新和明治政府的诞生而中断。朝鲜通信使来访停止之后，两国的对外意识之间的差距加大，由此导致的外交中断又成为明治维新后的征韩论抬头的远因。

大同法与农村的变化

壬辰倭乱所起战乱波及到了朝鲜全境。战后，光海君致力于复兴事业以及财政重建工作，其改革措施之一就是实施大同法。由于该法律的实施，农民的税赋得到改善，这也成为其后商业发展的原因。那么，大同法是什么样的法律呢？这里先介绍一下。

战火之下农村土地荒芜、耕地面积锐减，导致了年贡的过重征收和军布（代替兵役而缴纳的布）负担的增加，因无法缴纳税赋，又引发了农民逃离村庄的情况发生。光海君不得不专心致力于消除上述弊端、确保国家财政的艰难课题。其为了弥补上述税制的短处，稳定税收，引入了“大同法”。

当时的农民，除了田税和兵役之外，还有纳贡[①]和进献的贡税负担。所谓纳贡，指缴纳朝廷各部门所使用的必需品；进献指缴纳王室所使用的必需品。在品种上，包括各种矿物、水产品、手工业品、毛皮、木材、水果等多种物品，必须以实物的形式缴纳上述物品，其收获、生产、搬运都成为农民的负担。另外，贡税负担并不会因村子的户数而调整，而且可能被分派缴纳本地所不生产的物品，对于贫穷的村或农民而言，会造成更大的负担。后来又出现了由纳

---

① 纳贡：纳贡可分为常贡和别贡，根据大同法，被承认可以以谷物或棉布来代替缴纳的只是指常贡部分，而不定期征收的别贡以及王室所使用的进献，则仍然以实物形式施行。

贡承包人先代替农民筹措贡物向中央纳贡，作为其代价，然后向农民收取米或棉布[①]的代纳（防纳）方法，但收取的代价有时可能会是贡物的数倍、数十倍，使得农民深受其苦。

大同法则改革了上述这种以实物纳贡的制度，改为让农民按照所拥有的水田规模以米（不产米的地区则以棉布）的形式向中央政府缴纳，然后由朝廷或政府以农民所缴纳的米自行采购所必需品的制度。

大同法在光海君即位的1608年在京畿道开始实施，仁祖即位的翌年1624年扩大到江原道，但在那之后推广并不顺利。到17世纪中叶，大同法的实施好不容易扩大到忠清道、全罗道、庆尚道，1709年又在黄海道施行。大同法终于在全国范围内实施（山地较多的平安道、咸镜道除外）。大同法在全国实施之所以花费了如此长的时间，是由于两班地主阶层与赚取中间利益的纳贡承包人的反对的结果。

大同法的设施，对大量拥有土地的两班地主阶层带来不利。但相反，减轻了农民的负担，而田税的不足部分也由大同法所填补，国家财政增加，并对商业的发展也带来影响。因为朝廷会以缴纳来的米或棉布从商人手中购买其必需品。与此相伴，又带来了汉城以及周边农村的手工业的活跃，并出现了专门经营烟草、朝鲜人参、鍮器、螺钿漆器等特定产品的农民。

不过，尽管实施了大同法，佃农的生活仍然困苦。因为随着时

---

① 棉布：在朝鲜，从高丽时代起，布就直接发挥着货币的机能。在高丽时代，主要为麻布，进入朝鲜时代则使用棉布。因此，货币经济发达是在十七世纪后期以后。1633年铸造了常平通宝，其后虽然一度中断，但1678年之后铸造、发行成为惯例，并推广到全国。

间的推移，地主将其所应该支付的税赋直接强加到了佃农身上。

进而，在大同法实施的朝鲜时代后期，由于移秧法（在苗床培育秧苗后再移植到大田中的水稻栽培方法）的普及所带来的米的产量增加，以及复种制的实施，富农与贫农之间的贫富差距在不断扩大，从不拥有土地的佃农之中，产生了大量离开土地成为流民者。

另外，与大同法相配合，为了减轻农民的兵役负担，于 1750 年实施了均役法。当时，16 岁以上、60 岁以下的良民男子要服兵役，也可以缴纳军布两匹的形式免除兵役。但是，到了朝鲜时代后期，与官吏相勾结的富农获得免税措施待遇，为了使账目余额相符，就出现了向死人课税、向其家属征收军布（白骨征布），或向未满 16 岁者课税（黄口签丁），或向亲戚、近邻征收（邻征）等不正当征收行为，而面对如此过重的负担，逃亡的人口不断出现。为此，政府采取了均役法措施，将缴纳的军布由两匹减少为一人一匹。

汉城的商业

访问首尔的游客，其首先访问的旅游名胜，大概会是摆满了从食品到时兴杂货等各类商品、并挤满了人的南大门市场或东大门市场。

首尔的市场的开端，起源于朝鲜时代朝廷给予特定的商人以许可、让其在钟路经营的市廛。市廛的商人大多原为纳贡承包人（贡人），由大同法的实施而成为市廛的商人。他们在地方所开设的五日市等定期市场等，大量经营着特定的物品，支配着作为生产者的农家或工匠，成为御用商人（都贾）。而在该市廛中，专门经营丝织品、棉布、绵绸、苎布、纸张、鱼等的商人被称为六矣廛。

市廛的商人对于其所经营的商品拥有专卖权。无论是谁，如果想要在汉城销售商品，都必须通过市廛来销售，而在汉城行商者必须从市廛购入商品。这被称之为“禁乱廛权”。该专卖权是朝廷为了从市廛获得稳定税收以便克服战后财政困难而决定的，而从市廛方面来讲，该专卖权也有利于其排除私商、守护自己的利益。

但是，进入 17、18 世纪以后，未获得朝廷许可就自由地展开商业活动的私商们的活动开始变得活跃。朝廷对于侵犯专卖权的私商们的商业活动进行了取缔，但是不可能做到完全抑制，最终在 1791 年通过被称之为“辛亥通共”的措施，对私商们的活动给予了承认，废止了六矣廛以外的专卖权。由于上述措施，商品经济进一步活跃，另外，由于常平通宝作为代表性的货币被普及，货币经济取得发展。

私商们在汉城的根据地是南大门外的“七牌”，其发展为现在的南大门市场，东大门附近的“梨岘”在后来发展为广藏市场。18 世纪前半期已经形成大规模的市场，达到了超过钟路附近的“市廛”的程度。私商中，有利用汉江进行米谷、鱼等经营的京江商，釜山的东莱商人，进行朝鲜人参经营的开城的松商，经营生丝、丝织品、银等并与清朝、日本也进行着交易的义州的湾商等。

胡乱与对清朝的服属

首尔的西南，位于从奥林匹克公园往西两公里左右的松坡区石村洞的历史公园里，矗立着被称为“三田渡碑”（大清皇帝功德碑）

的石碑。龟的台座上所载的高四米左右的大理石碑上，以蒙古文、满文、汉文篆刻着碑文。

该石碑虽然作为史迹被认定为文化遗产，但在旅游指南上却几乎不会出现。来访的人也几乎没有，石碑悄悄地矗立在草地上。但是，该石碑正是在驱逐了光海君的西人派政权所招致的战争中（丁卯胡乱、丙子胡乱），朝鲜服从于清朝的证据。

三田渡碑

壬辰倭乱、丁酉再乱之后，朝鲜在光海君的卓越的外交手腕之下，与日本达成了和谈，与清朝的关系也顺畅。但是，1623 年 3 月西人派所发起的仁祖反正（拥立仁祖、使光海君退位的政变），使得事态突然恶化。该政变中，光海君退位，光海君的侄儿绫阳君登上了王位，是为仁祖。由于拥立了仁祖的西人派政权提出了“崇明排清”的主张，结果不久招致了与后金（清）的战争。

仁祖反正的翌年，对仁祖反正后的论功行赏感到不满的李适发动了叛乱。叛乱不久即被镇压，但参与叛乱的一部分人逃到了后金，并向后金申诉仁祖继承王位的不合法性，请求后金进攻朝鲜。原本后金就对与明朝接近的朝鲜带有不信任感，而提出“崇明排清”主张的西人派政权的诞生，对后金而言更是无法置之不理。

于 1626 年登上后金王位的皇太极，于翌年 1 月命令三万军队进攻朝鲜。大军横扫平安道、黄海道而南下。这就是“丁卯胡乱”的开始。仁祖与臣下逃往汉城西北的江华岛避难，最终，在后金出兵进攻朝鲜两个月后，朝鲜与后金缔结和议。

议和的条件是：朝鲜与后金缔结兄弟之国的盟约；朝鲜向后金朝贡；在两国国境进行贸易等。

但是，其后，后金以征用伐明之军兵、讨伐明朝之根据地为借口，屡次来袭，使得朝鲜对后金的感情不断恶化。

1636 年 4 月皇太极在满族、汉族、蒙古族三族拥戴下，由“王”改称为“皇帝”，国号为“大清”。皇太极（后来的太宗）向朝鲜派出使臣，要求将两国关系变为君臣关系（宗属关系）。但是，仁祖拒不接见清朝使臣。被此激怒的皇太极，于 1636 年 12 月亲率 10 万军兵进攻朝鲜。“丙子胡乱”爆发。

朝鲜在加强王都的防御的同时，将王妃和王族再度送往江华岛避难，而仁祖则避难于汉城东南的南汉山城[①]。仁祖向朝鲜全境发出檄文，号召起兵，同时向明朝派出密使请求援军。

清军以 20 万大军包围了南汉山城，同时对江华岛发起进攻。南汉山城虽有 13000 人军兵防守，但粮食只够食用 50 天，且寒冷的冬天使得固守城池变得极为困难。抗战未能取得作用，江华岛陷落，皇太极发起进攻之后仅一个半月朝鲜就投降了。

1637 年 1 月 30 日，仁祖与大臣们一起前往位于汉江江畔的三

---

① 南汉山城：是位于京畿道广州市的南汉山的山城。其历史可上溯到三国时代。被认为是百济的温祚所建，也被推测过为是河南慰礼城。1950 年代李承晚总统时期变为公园，现在被指定为道立公园。

田渡的清军营地，向皇太极投降。仁祖向清太宗行三跪九叩头（即每跪一次头部三次着地，反复进行三次）的屈辱之礼。

投降的条件是：朝鲜中止与明朝之关系；在清讨伐明朝时，朝鲜要派遣军兵出征；朝鲜国王向清朝之皇帝尽臣下之礼；朝鲜向清朝贡；支付巨额赔偿金。进而，将两名王子（昭显世子、凤林大君）、大臣送往清朝以作为人质，而反对投降的大臣吴发济、尹集、洪翼汉则在其后被清军在沈阳处死。

进而，清朝为了让朝鲜不忘记曾经反抗清的大罪，于 1639 年命令建立了石碑。这即前面所说的三田渡碑（大清皇帝功德碑）。

碑文中刻有清朝攻击朝鲜的理由、朝鲜不得不降服的理由、清朝在朝鲜降服后，迅速撤退等相关内容。石碑之所以命名为“大清皇帝功德碑”，就是因为上面碑文所述内容之缘故。1627 年和 1636 年的清朝（后金）的进攻，分别被称为“丁卯胡乱”和“丙子胡乱”。由于丙子胡乱中朝鲜降服了清朝，朝鲜断绝了与明朝的关系，而对清朝则采取了臣下之礼。这种关系一直持续到 1895 年清朝在日清战争中败北为止。

孝宗与北伐论

朝鲜降服于清朝后，作为人质而被带走的昭显世子、凤林大君（后来的孝宗）在沈阳滞留了九年。昭显世子虽然身为人质，但是对清朝却持有着和解的态度。

1644 年，昭显世子与征明的清军一起前往北京，在那里结识了德国人传教士亚当·沙尔[①]（1591 ~ 1666，中国名为汤若望），向其学习了关于天主教、西欧科学的有关知识。

昭显世子于1645年回到朝鲜，回国之际，带回了天文、数学、天主教等相关书籍以及地球仪、天主像等物。

由于朝鲜的朝廷是由采取反清亲明政策的西人派掌握着实权，所以，对于亲清的昭显世子采取否定态度，朝鲜国王仁祖也对昭显世子在沈阳的行为不满。当时的朝廷中，主张抵制清朝、为明复仇的“斥和论”占着主导地位。

结果，昭显世子在回国两个月后因原因不明的疾病而突然死亡（有主张称其被暗杀）。因昭显世子之死，其弟凤林大君从清返回朝鲜，在仁祖之后登上了王位。即朝鲜第十七代王孝宗（1649 ~ 1659年在位）。

孝宗与其兄昭显世子不同，对清怀有强烈的敌意。充满着复仇之心的孝宗在即位之后，将掌握着政权的金自点等亲清派从朝廷中排斥了出去，同时重用了金尚宪、宋时烈（1607 ~ 1689）等西人派中的对清强硬派。另外，还着手推进征伐清朝的“北伐计划”。

孝宗大规模进行军制的改革与强化，主张培养十万北伐军。但是，朝廷的重臣们却担心着王权会伴随着战争与军费的扩张而得到强化，反对声音渐高。

更大的问题则来源于经济方面。孝宗为了确保扩充军备所需的

---

① 亚当·沙尔：1622年访问清朝，在西安传教。1630年被崇祯帝延聘入京，制作了大量的天文观测器具，同时还将西洋的天文学书籍翻译为汉文，协助完成了崇祯历书。

财源，对两班所拥有的私田和奴婢进行了清理，但遭到了其强有力的抵制，未能取得大的成果，结果，在筹措财源问题上归于失败。提倡北伐论的宋时烈等人也开始批评孝宗的弊政，1659 年孝宗突然死去，北伐计划由此中止。

赴京使与北学派

与中国、日本保持着邦交的朝鲜，定期地向两国派遣着外交使节。其中，向中国派遣的是“赴京使”，向日本派遣的是前面所述的“通信使”。赴京使也叫“燕行使”，由于当时使者往来于朝鲜与清、明的都城燕京之间而得名。

赴京使是以通过向清行臣下之礼而换取政治安定之保障为目的的外交使节。在赴京使往来之际，为了获取经济的、文化的实际利益，进行着赴京使贸易，而为了接触清朝的先进文化，又有官吏或技术官吏随行。随行官员中，有的人通过与从欧洲来到燕京的耶稣会士相交流而扩展了视野，进而通过他们的活动，西学（西欧的自然科学、西洋思想、天主教等）被介绍到朝鲜。

学者朴趾源（1737 ~ 1805）对其作为赴京使随行人员的亲身经历进行记录，写成游记体的《热河日记》。为了打开朝鲜社会的落后状况，其在该书中主张“如果有值得学习的地方，即使对方是夷狄之国（野蛮的国家），也应该以之为师”。朴趾源等人的积极接受清朝的先进文化和优秀技术的主张，被称为“北学”，对朴趾源等人的主张持赞同态度的学者则被称为“北学派”。

北学派的中心学者有洪大容、朴趾源、李德懋、朴齐家等，他们均为随行燕行使接触了清朝乾隆时期的先进文明、拓展了见识者。

在对清朝执臣下之礼的朝鲜，朴趾源所提倡的北学被当成崭新之主张，这可能会让人感觉有点意外。不过，从北伐论被当时所议论的事实就可以看出当时的朝鲜的统治阶层，虽然在形式上对清采取了“臣下之礼”，但在其内心里则将清朝视为夷狄（野蛮人），对其并不承认。那种提倡“反清崇明”、认为我们国家（朝鲜）与明朝才是被灭掉的中华文明的正统继承者的“小中华”的主张，占据了主流。

不过，北学派的学者们不单单对清朝的先进文物和制度，而且对传入清朝的西学也加以深深的关心，并努力去接受。北学派的主张是，接受清朝的文明，并在对西欧文明的新认识中，改善工商业的流通、生产、技术，化解社会矛盾，谋求国家发展。该主张后来发展为重商主义的实学思想。

英祖、正祖的荡平策

在17～18世纪的朝鲜，伴随着大同法的实施、农业技术的进步、商业的发展，出现了富裕的庶民地主阶层，另外，获得财富的商人雇佣失去土地成为单纯的劳动者的农民，经营着手工业或矿山。进而，拥有财力的群体中，也出现了为了逃避租税而购买两班身份的现象，两班的权威、地位下降，身份制度开始大大动摇。

担当国政的朝廷两班，并未顾及百姓的生活。派阀斗争依然继续，依据围绕朱子学以及在现实政治中朱子学的实践上的分歧，担当政权的两班们被从大的方面分为四个（北人、南人、老论、少论）派阀[①]，持续地进行着争斗。

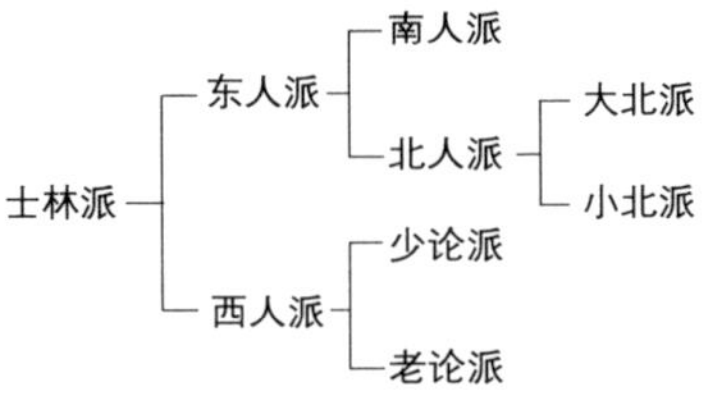

党派分裂示意图

第二十一代王英祖（1724 ～ 1776 年在位）为了消除激化的派阀党争，从 1725 年开始推行被称之为“荡平策”的政策。所谓“荡平策”，是指为强化王权，从各派阀中不偏不倚地录用人才以维持各党派的均衡而实施的政策。此政策由《书经》洪范篇的“无偏无党，王道荡荡，无党无偏，王道平平”而得名。其含义是说处事中立公正，没有偏向，圣王之道就会宽广无边。

英祖以拥立自己的闵镇远等老论派为主，建立政权，同时从与老论派对立的少论派、南人派中录用人才，以对党争之弊端防患于未然。通过该政策，王权得到强化、变得安定。

除此之外，英祖进行了大量的社会改革。实施了以减轻农民负担为目的的“均役法”、为尊重犯人的人权而禁止严酷刑罚、对触犯死罪的犯人进行三审制的审判等改革。

但是，被荡平政策削弱了力量的以老论派为首的各派，为了恢复其主导权，虎视眈眈地寻找着机会。

---

① 四个派阀（四色朋党）：拥立光海君为王的北人派（大北派）被“仁祖反正”的中心力量西人派和南人派所驱逐，失去了势力，但不久后的孝宗、显宗（1649 ～ 1674）时期，因王妃死后的服丧期间的问题，西人派与南人派间产生对立，进而，肃宗（1674 ～ 1720 年在位）时期围绕着对朱子学的批判和修正，西人派又被分为老论派和少论派。

1749年，英祖以健康上的理由让其侧室之子庄献世子代行国政，各派并没有放过这个机会，开始策划通过拥戴世子以将政权掌握到自己手中。对此形势感到危机的老论派，则企图切断王与世子之间的关系。

庄献世子代行王政13年后，英祖的外戚金汉耉（英祖的继妃贞纯王后之父）列举了庄献世子的不正当行为，向英祖上诉。金汉耉为老论派巨头。英祖为之激怒，在未确认事实真相的情况下，就将世子贬为庶民，关入米柜中杀死。

在朝廷内部，以该事件为契机，分裂为以主张该事件正当化的老论派为中心的"僻派"与以对庄献世子的立场持同情态度的南人、少论派为中心的"时派"。老论僻派之所以诽谤世子，大概是因为担心与老论派对立势力相接近的世子继位。后来，英祖对杀死庄献世子一事感到后悔，对世子给予"思悼世子"的谥号。

1776年，英祖死去，庄献世子的儿子正祖继位。成为第二十二代王的正祖（1776～1800年在位）在继承英祖之遗志继续推行荡平政策的同时，推进对文物、制度的补充与完备工作。正祖在位期间，虽然与将父亲逼入死境的老论僻派发生对立，但也因政绩被评价为仅次于世宗的名君。在向全国派出暗行御史[①]，掌握地方形势，解决问题的同时，抑制两班的苛政，并如前所述，为确保私商们的活动和保障其地位，于1791年实施了"辛亥通共"。

---

① 暗行御史：朝鲜时代国王为了直接调查地方的政情、事情，作为密使而派出的官吏。

不过，尽管实施上述社会改革，农民的生活还是不断变差，与此相伴随，国家财政也越来越恶化。

因此，正祖认为，单靠儒教学者们所主张的节约与朴素等，并不能确保财源，于是其启用了主张通过“利用厚生”来提高生产力和解决民生问题的学者，以提高农业生产。进而，设立了讨论国王的政治、推进文化事业的机构——奎章阁，以活跃学术。英祖、正祖的统治期间，还刊行了对朝鲜文物、制度进行解说的百科事典《东国文献备考》、汇集了《经国大典》以后法律的《续大典》等书籍。

该奎章阁任用了作为老论派政敌的南人派的蔡济恭以及虽出自老论派名门但因为是庶子的缘故而被冷遇的朴齐家、李德懋、柳得恭。另外，李家焕、丁若镛①（1762 ~ 1836）等也担任了要职。他们拥有着对传统的儒教进行批判、面对社会现实寻求改善的“实事求是”的思想。他们被称之为“实学派”。

以社会改革为目标的实学思想

实学产生的背景是，如前所述，农业生产的增加、货币经济的发达所带来的富农与贫农之间的差距加大导致的农村之疲敝与传统身份制度的崩溃。富农与贫农之间的差距的加大，产生出富裕的庶

---

① 丁若镛：朝鲜时代后期的学者、文臣。文章与经学优秀，任刑事参议等要职，获正祖很深的信任。其与北学派朴齐家进行交往的同时，继承了柳馨远等人的实学思想，为其集大成者。1801 年的辛酉迫害中被流放到全罗南道，渡过了 18 年的流放生活。著作有《牧民心书》《钦钦新书》《经世遗表》等。

民地主阶层，人们对传统的封建身份的权威以及以其权威为背景的社会压迫开始抱有怀疑态度。

地主与佃农、两班与良人、奴婢间的严格的上下等级关系崩溃，出现了以拒绝缴纳田税、拒绝缴纳地租、民乱（叛乱）等形式来对抗统治阶层的人们，高利贷蔓延、盗贼火贼的横行、官职买卖、人身买卖、农民的流亡等现象变得显著起来。实学则以纠正上述这些社会问题为目标。拥有这样实学思想的学者在 17 世纪就已经出现。其代表性学者为属于南人派的柳馨远。其在流放之地全罗道扶安郡与村人们一起生活，为了改善村人们的生活，写作了记述以土地制度为核心的兵制等的改革方案的《磻溪随录》。柳馨远的思想，在不久之后的 18 世纪，为同属于南人派系的学者李瀷[①]（1681 ~ 1763）所继承，在其门下涌现出被称之为星湖学派的众多优秀学者。在属于星湖学派的学者中，丁若镛为正祖所任用，留下了建筑水原华城等众多功绩。

丁若镛主张，土地问题的解决即解决社会政治问题之根本，进而提出了以土地的国有为原则，将土地分给农村，通过共同作业从事农业的方案。

不久，出现了赞同丁若镛等南人派的社会改革主张的老论派的两班人士。这就是随同赴京使访问北京，接触了清朝的先进文物，提倡以向清朝学习为内容的“北学”的北学派的人们。

---

① 李瀷：实学派学者。巩固了西学研究的基础。其代表作为《星湖僿说》，是将 3057 个事项分类为天地、万物、人事、经史、诗文等五门进行解说的百科事典式书籍。

丁若镛在流放期间所生活的草庵——茶山草堂（全罗南道康津郡）

通过访问清朝获得了全新见识的北学派中的朴趾源，如前面所述的那样，其主张通过商业和贸易使国家富裕、重建国家。北学派、实学派的这种主张，在某种程度上反映到政策方面，体现为 1801 年的公奴婢的解放、奴婢从母法（规定男奴婢与良民之女间所生的孩子的身份要随从母亲的法律）等的成果，但未能进行根本性的改革。原因在于，社会尚未成熟到能使实学所期望的改革得以实现的程度。

即使是被正祖录用并登上刑曹参议地位、进行改革的丁若镛，在 1800 年正祖死去后也失去了地位。在辛酉迫害（1801 年对天主教的镇压）中，被处以流放之刑。这是老论派为肃清南人派官僚而发起的。

实学者所探求的，并不止于单纯的研究，而是希望通过此来解决社会问题，构筑朝鲜的自主的近代化的基础。也正因为此，实学未能被反映为现实的改革，也就成为使朝鲜时代末期的社会矛盾深化的远因。另一方面，重视商业和对海外通商必要性的认识则成为19世纪后半期开化派的开港通商论的思想基础。

对天主教的接纳与迫害

朝鲜时代后期，天主教被朝鲜所接纳。与17、18世纪通过从海外而来的传教士的传教活动而创立教会的日本、中国不同，朝鲜的天主教，其特征在于，其是朝鲜的两班知识阶层的人们通过学问研究接触到西学（西洋的自然科学、西洋思想、天主教等），自行信仰天主教，独立地创立教会。朝鲜人接触天主教是通过在中国活动的传教士进行的。

在中国，早在明朝时期的1601年，意大利人传教士玛提欧·利奇[①]（1552 ~ 1610，中国名为利玛窦）就来到了燕京（北京），将天主教以及天文学、数学、历法、地理书籍、科学技术书籍等翻译成汉文。作为赴京使或随行其访问燕京的两班知识阶层的人们，关心着上述西学，将汉译的西洋书籍带到了朝鲜。

最早将西洋书籍带到朝鲜的是作为使臣有过多次访问明朝经历

---

① 马提欧·利奇：意大利人，耶稣会牧师。1601年进入北京，刊行了讲解天主教教义的《天主实义》（1595年）、世界地图《坤舆万国全图》（1602年）、欧几里得《几何原本》（1607年），向知识阶层推广了西学（西洋学）。在其之后，在中国推广西学的耶稣会传教士有汤若望、南怀仁、白进、郎世宁等。

的李晬光，其著有《芝峰类说》，对天主教的知识和西洋的文物进行了介绍。

这样，在 17 世纪，朝鲜的知识分子、特别是属于南人派的学者之中，开始有人从知识角度对天主教进行探究。

当时的朝鲜社会，是对传统价值观的怀疑和反抗趋于表面化的时期。特别是既对重视词章的儒教学风、既存的思辨的朱子学进行反抗，又对天主教书籍进行探求，这对实学也产生了影响，同时，出现了对称之为“西学”的西洋的学问进行接纳、研究的风气。朝鲜具备了接受天主教的土壤。因为天主教经历了这样的扎根过程，其在最初被称为“西学、西教、天主学”，后来则为称为“天主教”。

研究西学（天主教），后热衷并信仰天主教的知识分子有权哲身、李檗、李承薰、李家焕、丁若铨等，均为南人派的实学者。他们在位于京畿道广州的走鱼寺集会研究天主教的教理，并将教理转为实践。其中，李承薰作为赴京使访问燕京时，于 1784 年作为朝鲜人首次接受洗礼。

与他关系亲近的李檗也接受了李承薰的洗礼而开始传教生活。1794 年中国人传教士周文谟秘密来到朝鲜，展开传教活动。天主教的“在神的面前，人人平等”的“平等思想”以及对“现世与来世”进行区分的“来世思想”也被庶民阶层接受，教徒增加。但是，其教理对在儒教国家中最为重视的、作为孝的象征的“祭祀”持否定态度，所以成为重大问题。

1785 年天主教被定为邪教，在燕京收集天主教书籍的行为被禁止。1791 年，在祭祀母亲之际将神主（牌位）烧毁的尹持忠被处以死刑。不过，对西洋之学问表示理解的正祖时期，并未发生大的弹压。但是，1800 年正祖死后，情况突然发生改变，年幼的纯祖作为第二十三代王即位，老论僻派掌握了政权。

1801 年，掌握了政权的老论僻派以排斥对立党派为借口，对天主教信仰进行指责，进而对天主教进行了彻底的镇压。以中国神甫周文谟与南人派实学者权哲身、李承薰、李家焕等为首的教徒 300 余人被处以死刑，为正祖所重用的丁若镛也被处以流刑。该事件被称为辛酉迫害（辛酉教狱、辛酉邪狱）。由于上述镇压，朝鲜的西洋研究中断。因此，进入 19 世纪之后，当西欧列强到来时，朝鲜失掉了高明地进行应对的能力。另外，被判断为与天主教徒有关系的时派（对正祖的荡平策和推进强化王权给予支持的党派）人士，也被纷纷处以流刑，从政界中被驱逐。时派的黄嗣永将对天主教的迫害情况记载在帛书（白衣）上，想通知给北京的主教，结果被俘。其帛书上记载有希望通过炮舰外交强迫朝鲜接受天主教的内容，结果，给朝廷带来很大冲击，对天主教的镇压变得更加严厉。但是，天主教徒仍然在持续增加，1830 年代有教徒 9000 余人。因此，1839 年法国神父为首的 78 名天主教徒被处死（己亥迫害），1846 年又发生了朝鲜最早的神父金大建等众多的天主教徒在汉城的汉江江畔被处死的大镇压（丙午迫害）。

1804 年之后，纯祖的外戚金祖淳赶走了老论派，开始了安东金氏的势道政治。

第 5 章 列强的侵略与近代化

概要

19 世纪后，朝鲜进入势道政治时期，即国王之外戚安东金氏一族按照自己的意志施行国政的时期。其结果，政治非常混乱，由于不法贪污渎职的官吏的暴政，疲敝的农村连续发生民乱。另一方面，由于庶民地主阶层的诞生、新兴商人的抬头、商业和手工业的发展，传统的身份制度逐渐瓦解。这一时期，天主教教徒在朝鲜国内增加，而将儒教作为统治理念的朝鲜朝廷，则将其视为危机，进行彻底的镇压。但是，该镇压又引起了列强诸国的反对，给予了试图在东亚扩大势力的列强诸国以进攻的口实，朝鲜遭到了以对天主教镇压进行报复为目的的法国、以通商修好为目的的美国和德国的攻击。

正当上述内忧外患发生之际，国王哲宗去世，与安东金氏对立的神贞王后（前代王宪宗之母）指定与安东金氏没有关系的翼成君作为第二十六代国王即位，这就是高宗。但是，因为高宗是年幼即位，实际的权力由其父兴宣大院君所掌握。

兴宣大院君为了强化国王的权威和权限，在进行景福宫的重建的同时，采取了对两班课税、镇压天主教等强硬政策。但是，为牵制在地方把持着势力的儒学者的力量而实行的废止书院的政策，造成大院君被迫下台，高宗的外戚闵氏一族掌握了实权。

日本与朝鲜的外交交涉难以取得进展，在日本政府内部，征韩论抬头，其决定通过武力迫使继续锁国的朝鲜开国。日本于 1875 年 9 月引发了江华岛事件，翌年与朝鲜签订了江华岛条约（日朝修好条约），使朝鲜开国。

在开国后的朝鲜，主张近代化改革的开化派与反对改革的守旧派之间形成对立的同时，壬午军乱（1882 年）、甲申政变（1884 年）等政变反复发生。进而，试图保持对朝鲜影响力的清朝与通过江华岛条约进入朝鲜的日本、西欧诸国相勾结以扩大势力的派阀之间发生对立，将列强诸国卷入在内的对抗持续发生。

在这一过程中，日本伺机扩大在朝鲜的权利，招致了与清朝的对立。1894 年发生大规模的农民暴动（甲午农民战争），以此为口实对朝鲜进行出兵的日清两军之间开启战端，日清战争爆发。在该战争之前，日本在要求朝鲜进行内政改革的同时，拥立大院君，建立了亲日的金弘集内阁，加强着日本在朝鲜半岛的影响力。不久，在日清战争中取得胜利的日本，从朝鲜王室中清除了清朝的势力，着手进行朝鲜的内政改革。

日本设置了称为军国机务处的议会机构，推进了包括官制改革、废除科举、租税的现金缴纳化、废除身份差别等内容在内的被称之为甲午改革的范围广泛的国政改革。但是，对此持反对态度的闵妃（明成皇后）势力，与主导了三国干涉还辽（1895 年）的俄国相勾结，以牵制日本。对俄国在朝鲜半岛扩大影响力感到危机的日本，为离间王室与俄国，做出了杀害王妃闵妃的暴行。日本的该暴行，引起了朝鲜民众的激烈反对，被称为“乙未义兵”的抗日义兵活动活跃起来。

另一方面，因闵妃被杀害事件感到人身危险的朝鲜国王高宗，于 1896 年到俄国公使馆进行避难，并在那里进行施政。不过，面对王室失去自主性的态度，以独立协会为首，来自国民的批评高涨起来，高宗于翌年返回了王宫。并宣布脱离清朝而独立，改国号为“大韩帝国”，自称皇帝，进行了光武改革。但是，由于高宗在俄国公使馆停留了一年，俄国对大韩帝国皇室的影响力显著加强。围绕在朝鲜的特权，日本与俄国间紧张加剧，终于在 1904 年爆发了日俄战争。战争当中，日本与大韩帝国（以下称韩国）缔结了日韩议定书和第一次日韩协约，加强了对韩国的外交与内政的干涉。据日俄战争结束后，1905 年所签订的第二次日韩协约，日本在韩国设立了“统监府”，剥夺了韩国的外交权，并对整个内政进行监督。根据 1907 年签订的第三次日韩协约，又迫使韩国解散了军队。面对日本对韩国支配的加强，在韩国全国各地发生了激烈的反日斗争，这就是义兵运动；1909 年还发生了安重根在中国哈尔滨暗杀首任统监伊藤博文的事件。但是，殖民地化的过程并未能被中止，1910 年日韩合并条约（关于韩国合并的条约）被签署，韩国被纳入了日本的领土之内。

社会的混乱与洪景来之乱

18 世纪中期之后，朝鲜出现了前所未有的社会变化。由于移秧法（在苗床培育秧苗后再移植到大田中的水稻栽培方法）和复种制等的普及，大米的产量增加，富农与贫农之间产生贫富差距，诞生了新的庶民地主阶层。不再拥有土地的农民，或离开土地，在城市或矿山等地从事劳动，或为富农所雇佣以获得生活的食物。另外，地方的私商或奔走于定期市场的行商、客主①等的商业活动，带来了货币经济的普及，商业也发展起来。

到了19世纪，安东金氏掌握了实权（安东金氏的势道政治），独占了国家政治的要职，这导致无法担任官职的两班人员的不满高涨。其中，平安道的两班因为朝廷的地方歧视，被剥夺了通过科举合格发迹的机会。另外，在对中国贸易中积累了财富的义州的湾商、开城的松商等的商业活动，也由于与安东金氏的势道政治相勾结的汉城商人的缘故而缩小，而矿山业者的活动也由于禁止采掘措施而被威胁到了其生存基础。农民们也受到了来自地主、地方官吏的残酷掠夺。

因未能担任官职而没落的两班洪景来（1771 ~ 1812），为了打倒由国王外戚等掌握了政权的势道政治，消除对平安道人的不平等待遇，通过十年的时间汇集了志同道合者。以持有不满的两班、土豪、豪商等为领导者，以矿工、贫民、流民等组成士兵加以训练，并最终于1811年12月举兵。这就是“洪景来之乱（平安道农民战争）”。

1000余人的起义军占据了平安道嘉山郡的官衙（郡官署），并在该地区的乡吏（地方官）的私通和缜密的准备之下，于4、5日间

---

① 客主：向行商们提供住所以及商品的委托销售、保管等服务的中间商。

未经过一场战斗就占领了博川、郭山、定州、宣川等清川江以北的地区（现在的平安北道地区）。其后，起义势力坚守定州三个月，对官军进行了顽强的抵抗，直到翌年 4 月 19 日被官军攻陷城池。洪景来死于官军枪弹，而城池陷落时被俘的起义军 3000 人全部被处死。洪景来之乱虽然失败，但其暴露了政权之腐败和无能，也向民众宣告了封建体制是可以被否定的，成为加速朝鲜近代社会解体的契机。起义结束后，“洪景来在定州城未死，死的是替身”的传言广泛流传，在各地不断出现自称是洪景来的起义军领导者，以 1862 年的晋州民乱①、1894 年的甲午农民战争为代表，全国各地民乱连续不断。

兴宣大院君的内政改革

1800 年，作为朝鲜第二十三代王，年仅 11 岁的纯祖（1800 ~ 1834 年在位）即位，安东金氏金祖淳的女儿成为王妃。在纯祖之后，朝鲜王朝的宪宗、哲宗都年幼继位，与此相伴的是，在大约 60 年间外戚掌握了政治实权的势道政治。宪宗（1834 ~ 1849 年在位）时期是丰壤赵氏掌握国政；其后的哲宗（1849 ~ 1863 年在位）时期安东金氏的势道政治再次复兴，重掌国政，是即使是国王或王族都无法违逆安东金氏的时期。

---

① 晋州民乱：1862 年在庆尚道晋州，农民所发动的起义。也被称为“壬戌农民起义”。到当年 11 月，起义扩展到庆尚道、全罗道、忠清道等各地。多数民乱不仅以进行不法掠夺的地方官吏为目标，而且还将兴起的富农或庶民地主等作为攻击对象。晋州民乱为其典型，并且作为以佃农等贫民阶层为领导者而出现的民乱引起注目。

科举变得有名无实，贿赂与卖官卖职横行，统治阶层为了捞回买官时所付出的代价，对民众进行了被称之为“三政紊乱”的残酷剥削。人民因此饱受涂炭之苦，各地民乱持续发生。

所谓“三政”指“田政（土地税）”、“军政（兵役的附加）”、“还谷（谷物的出借与偿还）”。“田政”是按照所拥有的土地的大小来课税，原本为收获量的十分之一左右，但由于不正当的征税，有时可能会被征收收获量的一半以上。“军政”是指向成年男子征收替代实际兵役的军布，而如前章所述，存在着向孩子或死人征收军布的不正当行为。“还谷”指早春向没有粮食的农民分发谷物，收获季节让其归还并交纳若干利息，而在实际当中，则收取高额利息，使农民深受其苦。

兴宣大院君

1863年，第二十五代王哲宗死去。前代王宪宗的母亲神贞王后（丰壤赵氏赵万永之女）为了牵制主宰着权力的安东金氏，指定与安东金氏无关系的翼成君（后来的高宗）为下一代之王。这样，12岁的高宗（1863 ~ 1907年在位）作为第二十六代国王即位。不过，由于高宗年幼，实际的政治由其父兴宣大院君（1820 ~ 1898，以下称大院君）来施行。

掌握了权力的大院君从 1863 年到其下台的 1873 年，为了强化被势道政治所削弱的王权，努力进行了以三政改革为主的多项改革。有代表性的改革如书院的撤废、景福宫的重建、对天主教的镇压、对两班的征税、编纂包含有朝鲜王朝所有法律的法典《大典会通》等。

书院本来是地方的儒教研究教育机关，但其也是两班地主阶层的门阀、学阀的据点，独自拥有土地和奴婢，把持着势力，所以成为威胁王权的存在。为此，大院君对全国超过 1000 所的书院，除了保留其中的 47 所之外，其余全部关闭。

大院君为恢复国王权威，于 1865 年决定重建景福宫。景福宫是 1395 年建造的朝鲜王朝的正宫。在朝鲜工宫中，其历史最长，规模也最大。但是，在 1592 年的壬辰倭乱（文禄之役）时被烧毁，那以后的 270 余年中一直被废弃。大院君提出了以远超于原有规模来重建景福宫的计划，作为重建景福宫的财源，其要求从普通民众到大臣都缴纳叫做“愿纳钱”① 的重建协助金，并从全国征集劳力，命令推进王宫重建。

进而，其禁止不正当的租税征收，对在那之前不正当地享有免税措施的地方官吏或地方有势力者的土地进行课税；公布户布法，不考虑身份，对两班阶层也课以兵役。上述政策受到民众的支持，但也引起了在地方拥有势力的儒家学者们的激烈反对，这也成为后来大院君下野的原因之一。

---

① 愿纳钱：由于其属于强行筹措的重建资金，“愿纳钱”也被称为“怨纳钱”（“愿”与“怨”在韩国语中发音相同）。另外，大院君为确保财政，决心铸造高额的货币“当百钱”。但是，由于当百钱的滥发，引起通货膨胀，导致物价高涨。

法国和美国的侵略

19 世纪，是帝国主义国家间的争霸斗争真正展开的时期。英国、法国、美国等帝国主义列强在世界各地夺取殖民地，扩展着其所支配的地域。中国在1840年的鸦片战争和1856年的第二次鸦片战争中，败给了英国，割让了香港，成为半殖民地。日本则屈服于美国佩里舰队的武力示威，于 1854 年和美国签订了日美亲善条约，之后和英国、法国、俄国、荷兰、德国等也缔结了不平等条约。朝鲜也不例外。19 世纪中期，列强诸国的“异样船”频频出没于朝鲜半岛的沿岸，要求进行通商。这就是使亚洲诸国开国的炮舰外交。

大院君通过赴京使已经知道了中国在鸦片战争中失败并遭受英国蹂躏的事实，加强了对异样船的警戒。大院君在贯彻对外国势力入侵进行坚决抵制的态度的同时，提出了排斥天主教、东学等的“邪教”、拥护作为“正学”的朱子学的“卫正斥邪”政策，对天主教、东学进行了镇压。大院君执政之后所发生的列强势力与朝鲜对立的大事件[①] 有三个：1866 年法国远东舰队进行的“丙寅洋扰”、美国武装商船引发的“舍门号事件”以及为报复该事件而发生于 1871 年的“辛未洋扰”。

大院君在提出卫正斥邪政策、进行锁国的同时，于 1866 年处死

---

① 列强与朝鲜对立的大事件：大院君执政之前的 1846 年，法国的东方舰队为追究己亥迫害（1839 年）中三名法国神父被杀害事件的责任而来到朝鲜。在该年还发生了最早的朝鲜神父金大建与大量天主教徒被镇压的“丙午迫害”事件。

了九名法国神父以及8000名天主教徒，史称“丙寅迫害”。该迫害发生时，为躲避镇压而逃离朝鲜的法国神父将朝鲜镇压天主教的实情报告给了位于中国天津的法国远东舰队，要求进行报复。同年9月，由七艘军舰和1000余人组成的法军向朝鲜发起进攻，占领江华岛，封锁了汉江。不过，法军在随后的文殊山城和鼎足山城的攻防中被击退，10月，法军从江华岛撤走。撤退之际，法军将江华岛外奎章阁（王室的文书馆）的大量古籍和用于铸造货币的金块、银块掠夺走。该系列事件被称之为“丙寅洋扰”。由于该事件，朝鲜采取了更加顽固的锁国政策。

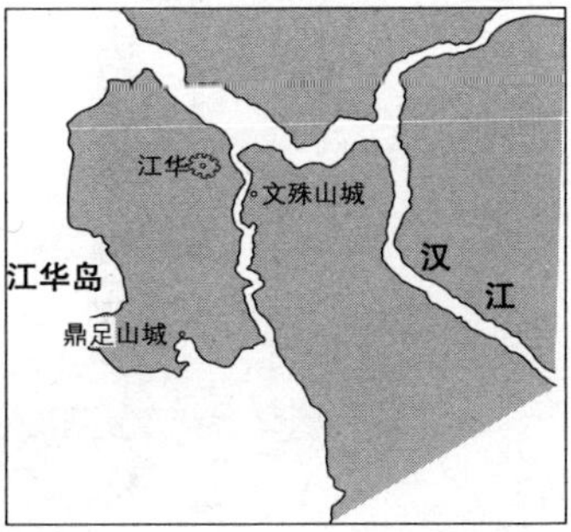

江华岛附近地图

在法军发动进攻的两个月之前，1866年7月美国武装商船舍门将军号向朝鲜要求通商，并沿着大同江逆流而上，停泊在平壤附近。

如前所述，在大院君政权之下的朝鲜，与外国的交易以及天主教的传教活动被严格禁止（斥邪纶音：天主教禁止令于1839年由宪宗所推出）。因此，平安道观察使要求舍门号离开，但舍门号船员不仅拒绝了此要求，而且还在夜晚登陆进行掠夺。面对该行为，平壤军民烧掉了舍门号，杀死了全体船员。

另外，同年（1866年），德国商人奥佩特来到朝鲜，要求通商，但被拒绝。两年后奥佩特潜入朝鲜，引起了企图盗掘大院君之父的坟墓的事件。

1871年美国驻清公使命令亚洲舰队远征朝鲜，要求朝鲜就“舍门号事件”进行道歉并与美国通商。亚洲舰队司令官罗杰斯所率舰队于当年 4 月向江华岛发起进攻，发生激战。大院君认为，如果进入持久战的话，美国舰队就会像法国军队一样退走，因而始终坚持了强硬立场。果然，美国舰队并无发起大规模军事行动的余力，最终从朝鲜撤走。该一系列事态被称之为“辛未洋扰”。

两场战争的胜利使得大院君获得了自信，其在全国各地立起了写有“洋夷侵犯，非战则和，主和卖国”字样的“斥和碑”，其锁国政策越来越强化。

斥和碑

如前所述，大院君关闭了作为儒家据点的书院，其中，祭祀老论派领袖宋时烈（1607 ~ 1689）的华阳书院及其附属设施万东庙也被废止，这引起了在野的两班的激烈抵抗。为了安抚两班的反对意见，大院君任用了老论派的李恒老①（1792 ~ 1868）和崔益铉②（1833 ~ 1906）。

但 1873 年，对大院君的独断施政感到不满的崔益铉对大院君展开

---

① 李恒老：文臣、儒家学者。在要求中止景福宫的重建和推动改善施政的同时，以尊王攘夷的大义名分反对大院君的政策，受到排挤。

② 崔益铉：文臣、儒家学者、义兵将领。1868 年，以景福宫的重建等所造成的财政破产等，对大院君的弊政进行上诉，结果被剥夺了官职。1873 年被起用为同副承旨，但因批评大院君，直到 1875 年一直被流放济州岛。后又反对日朝修好条约和断发令。1905 年日韩保护条约签订后，其开展了抗日义兵活动。

批评，以高宗已经成年为理由提出“高宗亲政”，要求大院君下台。虽然崔益铉被流放，但高宗之妃闵妃（明成皇后）及其一族利用该动向，将大院君赶下台。安东金氏的势道政治结束仅 10 年多，又开始了由高宗的外戚闵氏一族的势道政治。

对日开国　江华岛条约

通过 1868 年的明治维新实现了从幕藩体制向天皇亲政体制转换的日本，于 1869 年通过对马的宗氏，向朝鲜传达了日本诞生了新政府、实现了王政复古的事情。但是，朝鲜以国书的样式、印信相异，特别是使用了按照传统的外交惯例只有中国皇帝才被允许使用的“皇”、“敕”等文字为由，拒绝接受国书。

日本政府方面，在未能找到解决问题的途径的情况下，“征韩论”[①]抬头，1873 年围绕着朝鲜使节派遣问题，政府内部产生分裂。由于 1873 年大院君下台，1875 年日朝邦交交涉再次开启，但最终交涉碰壁。因此，日本担当交涉的外务省的森山茂等人，要求政府派遣军舰，通过武力迫使朝鲜开国。

---

① 征韩论：指明治初期，西乡隆盛、副岛种臣、板垣退助、后藤象二郎、江藤新平等所倡导的对于采取锁国政策的朝鲜，以武力使其开国，以获得霸权的主张（西乡隆盛的主张是不通过出兵，而是通过遣韩使节劝说朝鲜开国，并想亲自赴朝担当使节，其主张更像是遣韩论）。与此相对，岩仓具视、大久保利通、木户孝允等人则持反对意见，政府内部由此分裂，西乡隆盛等因在意见对立中失败而下野。征韩论者们基于江户后期的国学研究，以《日本书纪》的“神功皇后的新罗出兵”为依据，提出在那之后，古代日本对朝鲜半岛拥有支配权，主张进入朝鲜半岛。

1875年5月，军舰“云扬”号和“第二丁卯”号进入釜山港，无视朝鲜方面的抗议，对沿岸进行探测，并以“舰炮射击演习”为名义进行武力示威。“云扬”号其后一度回国，但9月以“测定航路”为名再次接近江华岛东南方进行停泊。朝鲜进行炮击后，“云扬”号进行应战，并在永宗岛登陆，焚烧官衙和民家，杀戮当地居民。这就是江华岛事件。

云扬号

1876年2月，日本以该事件为口实强行要求朝鲜开国，为此派遣黑田清隆（1840～1900）为全权大使、以井上馨（1836～1915）为副全权大使，率六艘军舰赴朝鲜谈判。朝鲜方面进行商议之后，选择了开国，由接见大官申櫶（1810～1884）与日本全权大使黑田清隆签订了《江华岛条约（日朝修好条约）》。该条约规定朝鲜“乃自主之邦”，“保有与日本国平等之权”。虽然该条约否定了清朝的宗主权，承认朝鲜为独立国家，但其属于以武力为背景强行签订的不平等条约的性质是自不待言的。该条约的缔结规定了釜山港、元山港、仁川港的开港、日本在开港处的治外法权、进出口不课税以及日本纸币的使用。

此后，朝鲜于1882年与美国签订了《朝美修好通商条约》、与清朝签订了《朝清商民水陆贸易章程》。其后，又与英国、德国、意大利、俄国、法国、澳大利亚等国接连缔结了修好通商条约。由此，朝鲜成为了列强角逐的场所。

别技军与壬午军乱

朝鲜停止锁国政策，成为了国际社会的一员，同时在通过开港所开始的对日贸易中对日出口大米和大豆等农作物，进口英国制的棉制品以及面向富裕阶层的外国商品。由此造成了大米的不足以及米价两三倍的上涨，庶民生活不断趋于困苦。另外，英国制的棉制品的进口，又导致了国内的棉产业衰退。

1880 年 6 月，为解决上述国内问题、江华岛条约所规定的开港要求问题（虽然要求釜山港、元山港、仁川港开港，但朝鲜方面拒绝了仁川港的开港）、关于进出口税不征收的改订等进行协议以及为了了解日本、世界的动向，朝鲜任命金弘集[①]（1842 ~ 1896）为第二次修信使派往日本（第一次修信使于 1876 年派遣）。金弘集在日本逗留期间，视察了日本的近代设施，同时还会见了清朝驻日公使何如璋，就朝鲜的外交政策进行了商谈。

其归国后，接到金弘集等人的见闻报告的高宗以及政府高官受到了日本发展状况的巨大冲击，开始了以引入近代文物、制度为内容的面向近代化的改革。该改革的担当者为金玉均[②]（1851 ~ 1894）、

---

① 金弘集：朝鲜后期的政治家。开化派中的稳健者，甲申政变后仍在闵氏政权下担任政府高官，姑息开化派。1894 年担任军国机务处总裁，推进甲午改革。1895 年 10 月的闵妃虐杀事件之后，继续担当开化派政权。

② 金玉均：朝鲜后期的政治家。开化派的中心人物。1881 年 ~ 1884 年访问日本，获得福泽渝吉的协助而创刊《汉城旬报》，尽力于徐载弼等 50 名日本留学生的派遣。1884 年发起甲申政变，失败后流亡日本。1894 年于上海被暗杀。

朴泳孝[①]（1861 ~ 1939）、洪英植（1855 ~ 1884）、徐载弼[②]（1864 ~ 1951）、金弘集、金允植（1835 ~ 1922）、鱼允中（1848 ~ 1896）等被称之为开化派的人士。他们中的多数人有着作为外交使节前往海外的经历，为从政府高官朴珪寿（提倡北学思想的朴趾源之孙）那里学习到北学思想、平等思想的知识分子们。

1881 年设立了掌管外交和开化政策的总理机务衙门，同时进行军制改革。以日本的堀本礼造少尉为指导教官创建了被称为“别技军”的新式军队。进而，派遣了朴定阳[③]（1841 ~ 1904）、赵准永（1833 ~ 1886）、洪英植等参加的绅士游览团赴日本、派遣由金允植率领的留学生们赴清朝的天津学习新式兵器的制造。1882 年又进行了官制改革，金弘集等开化派人士也被任用为官吏。

伴随着近代化改革所新设立的别技军受到了优厚待遇，相反，旧军则陷入被拖延军饷等的恶劣状态。因此，旧军的士兵对别技军以及担当别技军教官的日本人军官、日本公使、创立别技军的闵氏政权的憎恶与不满越来越强烈。1882 年 7 月所发生的“壬午军乱”就是其不满的爆发。

---

① 朴泳孝：朝鲜后期政治家。同金玉均等人组织了开化党。甲申政变失败后，流亡日本。归国后，在金弘集内阁中任内务大臣、李完用内阁中任宫内部大臣。1910 年日韩合并后被日本封为侯爵爵位，历任朝鲜殖产银行理事、中枢院议长、日本贵族院议员等。

② 徐载弼：独立运动家。与金玉均、洪英植的等人发起甲申政变。创办《独立新闻》，与尹致昊等人创建了独立协会。

③ 朴定阳：朝鲜后期政治家。组织了绅士游览团考察日本的文物。甲午改革时成为军国机务处的议员，金弘集第二次内阁时任学部大臣。金弘集内阁解散后，其作为内阁总理大臣推进乙未改革、组织过渡内阁等，努力进行改革。

1882年7月，政府向旧军士兵配发军粮，距上次军粮的配发已经过了一年，但新配发的军粮不仅分量不足，而且掺杂了砂石和米糠。愤怒的士兵发起暴乱。暴乱马上被镇压，金永春等主谋者被逮捕。7月23日，政府决定处死上述主谋者，军人们展开了营救活动，并且规模在扩大，苦于米价高涨的贫困阶层的民众对此也给予了支持。旧军士兵们要求释放被抓同伴，当要求被拒绝时，开始转变为武力行动。士兵们点燃了担任宣惠厅堂上（负责发放官吏、军人俸禄的机构的长官）兼兵曹判书（国防长官）的闵谦镐的住宅，救出了被抓的主谋者。进而，袭击了别技军的教练场、京畿监营、日本公使馆。日本公使花房义质（1842 ~ 1917）被军人们包围、攻击，好不容易逃往仁川，并经仁川逃回日本。

翌日（24日），为袭击王妃闵妃为首的闵氏政权人物，士兵们涌入昌德宫。闵妃逃过此难，但闵谦镐等人被杀死。失去了收拾局势信心的高宗，将权力移交给大院君，大院君在决定废止“总理机务衙门”和“别技军”等的同时，向军人、农民分发粮食，终于平息了暴乱。

在天津得知发生兵变的金允植等向清朝请求出兵，清朝则以宗主国身份派出了军队，于8月初旬到达了仁川冲的月尾岛。

而逃回日本的花房义质于8月16日与军队再次进入汉城，要求处罚兵变主谋者、赔偿损失、扩大开港以及通商，驻屯军队等。对于日本的要求，大院君决心以武力来应对，要求清军对日军给予牵制。而清军则站在大院君与日本之间表示出进行仲裁的态度，却又突然扣留了大院君并将其带往清朝进行软禁，以武力掌握了汉城和宫廷。对于试图与闵氏政权相勾结以强化在朝鲜的影响力的清朝来说，大院君的重新执政是无论如何都要避免的。

期待着大院君能够阻止闵氏政权暴政与外国势力渗透的旧军士兵和群众对清军进行了抵抗，但清军以武力给予了镇压，政权再次回到闵氏一族的掌握之下。以武力镇压了抵抗的清朝，在朝鲜驻屯军队，开始干涉其内政，由此政府的开化政策大大后退。

另外，大院君下台后，在清朝的仲裁下朝鲜与日本间缔结了“济物浦条约”和“修好条约续约”，根据此条约，日本获得了朝鲜方面对兵变损失的赔偿，并同意日本在驻朝鲜的公使馆驻兵。进而，就扩大在朝鲜半岛内的日本人的居住地、对日本公使、领事官在朝鲜国内进行视察提供便利等事项达成约定。

开化派的政变

因为朝鲜是依赖清军镇压了壬午军乱，所以，军乱结束后，大约 3000 人左右的清军直接驻屯在朝鲜。1882 年 10 月，清朝与朝鲜签订了《朝清商民水陆贸易章程》，清朝作为宗主国加强了对朝鲜内政的干涉。在该章程的前言中清楚记载了朝鲜为清朝的属邦。根据清朝的直隶总督兼北洋大臣李鸿章[①]（1823 ~ 1901）的推荐，马建常

---

① 李鸿章：清朝末期政治家。作为清朝的重要人物，兼任着直隶总督与北洋大臣，推进洋务运动，进行了军队、产业的近代化。围绕着对朝鲜的宗主权与日本对立，最初反对开战，后率北洋军与日本军展开战斗。日清战争后，作为清朝全权大使在下关签署了《日清讲和条约（《马关条约》）》。

（清朝参与策划洋务运动的政治家，马建忠之兄）与穆麟德（原驻天津德国领事代理）为朝鲜所聘请，负责监督朝鲜的内政与外交。

当时，在朝鲜政府内部，虽然闵台镐、闵泳翊、闵泳穆、赵宁夏等闵氏一族的守旧派政权掌握着实权，但开化派的金玉均、洪英植利用能够谒见国王的权利努力改变着国王和王妃的想法。其虽然受到守旧派的制约，但仍推进着改革。但是，当清朝的干涉变得过强时，开化派分裂为两派。即主张一边与清朝维持宗主国关系一边推进改革的以金弘集、金允植、鱼允中等为代表的稳健派，以及主张脱离清朝干涉而独立的金玉均、朴泳孝、洪英植、徐光范[①]（1859 ~ 1897）等为代表的急进改革派。金玉均等的急进改革派，关注日本明治维新以后的近代化，主张加强与日本的关系，以推进朝鲜的近代化。

金玉均（左）与开化党人（摄影于甲申政变前）

① 徐光范：朝鲜后期的政治家。参加甲申政变，政变失败后，流亡日本。甲午改革后任法务大臣，后又赴任驻美公使。

但是，开化派内部的分裂，再加上围绕为打开改革的财政困境闵氏政权所进行的“当五钱”硬币的铸造，穆麟德与金玉均发生对立。金玉均对当五钱的发行持反对态度，其认为，货币的滥发会引起通货膨胀，降低人民的生活。而穆麟德以及为维持势道政治的闵氏一族则将持有上述正确言论的金玉均视为障碍物。

金玉均为解决财政困难所进行的对日借款亦因闵氏一族的策略而归于失败，其开始认识到要想使开化运动成功，只能诉诸非常手段。金玉均为打开局面，考虑借助日本军的力量，发动政变，从国王身边肃清闵氏势力，大力推进开化政策。

恰在此时，1884 年 7 月，清朝与法国间围绕着对越南的支配爆发了中法战争，驻留在朝鲜半岛的清军有半数被撤回。金玉均将此视为良机，遂将政变计划转为实践。其已经和日本公使竹添进一郎（1841 ~ 1917）进行密约，由日军阻止清军的介入。

1884 年 12 月 4 日，急进开化派利用邮政局成立的庆祝宴会发动了政变。以闵泳翊为首，包括洪英植、金弘集等大臣与金玉均、徐光范、尹致昊①（1865 ~ 1945）等开化派高官以及英、美、德、中、日本等各国的外交官参加了该日庆祝宴会。宴会达到高潮的晚上 10 点左右，以放火为信号，金玉均发动了政变，重伤了参加庆祝宴会的闵泳翊。日军 150 余人与开化派的兵力 50 人包围了高宗避难的景佑宫，并在昌德宫杀死了闵台镐、赵宁夏、韩圭稷等守旧派（事大

---

① 尹致昊：朝鲜后期政治家。作为绅士游览团的一员前往日本，觉醒于开化思想后，留学美国。与徐载弼等组建了独立协会。

派）大臣，夺取了政权。史称“甲申政变”。

政变的翌日，急进改革派建立新政府，发布了由 80 条以上条款构成的“革新政纲”，致力于朝鲜的社会改革。现在无法了解该革新政纲的全貌，不过其中的 14 条被记载在金玉均后来所著的《甲申日录》中。

其内容为“大院君归国以及独立于清朝、废止朝贡”“由户曹对国家财政进行一元化管辖”“制定人民的平等权”“实施警察制度”“惩办贪官污吏”“打破门阀，根据能力任用人才”等。革新政纲以建立近代国家为目的，具有进步性。

但是，开化派的天下仅仅持续了三天。因为闵妃秘密地向清朝请求出兵。应闵妃的请求，驻屯在汉城的清军 1500 人发动进攻，本来约定阻止清军介入的日本公使竹添单方面决定日军撤军。失去了援助的开化派政权很短时间内就垮台了，金玉均、朴泳孝等九人逃亡日本，洪英植等人则被清军处死。

逃亡到日本的金玉均受到了日本政府的冷遇，被软禁于父岛、札幌，后被闵氏政权所派出的刺客暗杀于上海。

这样，政变归于失败，但是，该甲申政变属于以近代国家的建立为目标的民族运动的出发点，在这点上具有历史性意义。政变失败的原因在于，开化派的认识与民众脱节。政变中缺乏民众的支持是致命性的，可以说，借助外国势力（日本）所进行的激进的政变，由于外国势力（清朝）的介入而必然会遭受失败。

政变失败后，日本以公使馆被破坏、公使馆职员和侨民牺牲的责任在于朝鲜方面为理由，要求朝鲜支付赔偿金。进而派伊藤博文

（1841 ～ 1909）到清朝与之进行交涉，于 1885 年 4 月与清朝签订了内容为“从朝鲜同时撤兵，将来派兵之际，相互事前进行通告”的《天津条约》。据此条约，在朝鲜问题上，日本获得了与清朝同样的派兵权。在后来的甲午农民战争之际，日本就是据此条约进行了派兵。

甲午农民战争与日清战争

进入 19 世纪以来，朝鲜持续着毫不顾忌人民生活的暴政，再加上外国势力的入侵，造成朝鲜社会不安的蔓延。1811 年的洪景来之乱、1862 年的晋州民乱之后，全国范围内民乱接连不断，人们已经不知道依靠什么来生存。如前所述，1876 年开港以来，以日本为首的外国势力的进入，带来了米价的高涨以及廉价的棉制品的流入，再加上官吏们的中饱私囊的暴政，使得特别是朝鲜半岛南部的人们，挣扎于困苦生活之中。

面临上述不安的威胁，在失去了生活依据的人们之间，东学作为“改造社会的信仰”传播开来。

东学，是没落两班崔济愚[①]（1824 ～ 1864）于1860年所创之宗教，其宗旨是认为人与天相同，主张万人平等。即“人乃天”思想与实现地上之天国的“后天开辟”思想。这与天主教所信仰的来世不同，其主张在现世就建立万民平等，是保卫人民生活免于暴政与外国势

① 崔济愚：东学的创始人。因东学所主张的“人乃天”思想否定了儒教的理念，故被定为邪教，其本人于 1864 年被以“欺骗世人，扰乱社会”的罪名处死。

力入侵的改造社会的改革思想。以东学信仰者为中心集结起来的农民，为反对地方郡守的恶政而进行的起义被称为“甲午农民战争”。

甲午农民战争是 1894 年 2 月从全罗道北部的古阜地区开始的。为反对古阜郡守赵秉甲的恶政，东学接主（教区头领）全琫准（1855 ~ 1895）集合了 1000 余名农民发动了暴动。全琫准带领起义军袭击了古阜的官衙，驱逐了赵秉甲，将官府非法掠夺的谷物分给农民，并释放了被不法关押的无辜者。

朝廷得知暴动消息后，担心民乱的蔓延，拘禁了赵秉甲，同时派遣按核使（当地方发生某事件时，为进行调查而任命的临时职务）李容泰调查该事件。由此，暴动暂时得到平息。

被护送的全琫准

但是李容泰不仅没有整顿好局势，反而对民众施行了残暴行为。对此，全琫准呼吁各地的接着进行暴动。暴动的农民超过了 4000 人，民乱逐渐演变为农民战争。农民军袭击官府，释放监狱中被关押的农民，夺取两班、地主、富豪的财产分给贫困的人们。

农民军打败了前来镇压的全州监营的军队和中央官军，5 月 31 日进入全罗道道府全州，与官军展开激战。农民军出现巨大牺牲，在获知清朝和日本出兵的消息后，再加上这时已经临近农忙季节，遂向政府提出“弊政改革方案”，以接受改革方案和保证生命安全为条件，于 6 月 10 日与政府签订了《全州和约》。

另一方面，全州城被占领时，高宗向清朝提出了派兵要求。一直加强着对朝鲜控制的清朝，派出了军舰，其部队在忠清道牙山登陆。日本为牵制清朝，也派部队在仁川登陆。不过，当两国军队到达朝鲜时，农民军与政府之间已经达成了“全州和约”，农民军已经撤退。面对朝鲜的撤军要求，日本于1894年7月23日突然占领了景福宫，推翻了闵氏政权，并在两天后向停泊在牙山湾的清军舰队进行炮击。日清战争爆发（8月1日宣战）。

日本为了牵制闵氏一族，于27日拥立大院君，建立以金弘集为首相的亲日开化派政权。其目的在于将清朝以及亲清势力从朝鲜驱逐出去。日本为干涉朝鲜内政，成立了称为“军国机务处”的议会机关，相继发布改革法令，进行了包括改革官制、废止科举、租税的现金缴纳化、废除身份差别等内容的被称作甲午改革的广范围改革。这些改革内容虽然是基于开化派的长期构想，但也是日本以军事力量为背景所强行要求的。

另一方面，在牙山湾对清朝舰队展开攻击的日本军队，于9月16日在平壤的战斗中击退清军，不久战线转移到中国大陆，日军占领了辽东半岛的大连、旅顺（连败于日本后，清朝求和，于1895年4月17日与日本签订了下关讲和条约）。

在朝鲜半岛内日军侵略和开化派加强了亲日态度的背景下，全琫准为首的东学农民军领导者提出了“斥倭斥化”（抵制日本和开化）的口号，再次起兵。暴动的农民军总共有20万人之多。1894年9月下旬，集结于忠清南道论山的农民军开始向公州北上。当时的公州是为镇压农民军而动员起来的日军和官军的据点。面对北上的农民军，日军和官军一起参与了镇压，从 11 月下旬到 12 月上旬在公州郊外的牛金峙，农民军与日军、官军展开了激烈的战斗。农民军未能抵抗住日军的优势火力而败退，在全罗北道的泰仁和金沟的战斗中全琫准所率的部队亦战败，以全琫准为首的东学领导者全部被捕，并被处死。

闵妃虐杀事件与乙未义兵

甲午农民战争被镇压之后，朝鲜以义兵的形式对日本继续进行着抵抗。该抗日义兵活动[①]的初始是 1896 年初开始的乙未义兵。

1895 年 4 月的“三国干涉还辽”（法、德、俄三国劝告日本将下关讲和条约中割让给日本的辽东半岛归还给清朝），使得朝鲜半岛内的日本势力后退。

反对日本干涉内政和亲日开化政权的势力，希望通过接近主导了三国干涉还辽的俄国来牵制日本。原本亲清的闵妃也想借助俄国的力量来抑制日本。因此，在朝鲜政府内部，朴定阳、李完用[②]（1858 ~ 1926）、李允用（1854 ~ 1939）等亲俄、亲美派得势。

对于接近俄国的朝鲜王室，日本方面，井上馨公使甚至提议提供本不可能实现的借款来试图离间，但归于失败。井上馨辞去了职

---

① 抗日义兵活动：初期的义兵活动始于朝鲜受到日本的内政干涉的 1896 年年初，1907 年达到最高潮。

② 李完用：朝鲜后期的亲日派政治家。1910 年以总理大臣身份担任政府全权委员，签署了日韩合并条约，被日本政府授予伯爵爵位，担任朝鲜总督府中枢院顾问。

务，同年 9 月陆军中将三浦梧楼就任公使。

三浦梧楼为离间俄国和朝鲜王室，计划暗杀闵妃。三浦梧楼纠集日本守备队和公使馆警察、日本人所经营的《汉城新报》的相关者、大陆浪人等作为施行部队，于 10 月 8 日天未明之际侵入王宫，残暴杀害了闵妃，并焚烧了遗体。这就是闵妃虐杀事件（在韩国也被称作“乙未事变”）。

被认为是闵妃的宫女的肖像

日本方面将该暴行伪装成大院君派的政变。但是，该事件的整个经过为美国军事教官和俄国技师等所目睹。美国、俄国要求日本查明事情经过，金弘集政权否认了日本与该事件之间的关联，但没能够避免该事件的国际问题化。惊慌于事态发展的日本，不得不逮捕了事件相关者，并在广岛进行了审判，但三浦梧楼等事件相关者于翌年 1 月以证据不足为由全部被释放。

闵妃虐杀事件之后，金弘集内阁推动了进一步的改革，推行了包括实施断发令、使用建阳年号、颁布小学教令、使用阳历等的改革（乙未改革）。

但是，王妃被虐杀所导致的国民的反日情绪达到极限的背景下，亲日派内阁所推行的改革成为引发全国性抗日义兵活动的契机。义兵活动的直接原因则是作为社会改革重要部分而推出的断发令。在当时，认为身体、头发、皮肤都属于父母所给予的宝贵之物的儒教价值观是为普遍的价值观，断发令则被视作违反了人世间道理的政策。

主导这时的义兵的主要是江华岛条约签订之后，提出“卫正斥邪”论的抗日儒学者。儒学者们试图抓住甲午农民战争之后的反日情绪的高涨，以展开全国性的义兵活动。这被称为“乙未义兵”。乙未义兵在两班出身的义兵长的指挥下，吸引了农民、猎人等众多民众的参加。另外，甚至地方郡守、军队也参加到该活动之中，其攻击日本军队、日本侨民，展开切断日军交通、通信网的活动。

露馆播迁

迁往俄国公使馆的高宗

当金弘集政府不得不应对闵妃虐杀事件和断发令所引发的抗日义兵活动之时，亲俄派李范晋[①]（1852～1910）、李允用、李完用等向俄国公使做工作，于1896年2月11日将高宗从王宫迁移至俄国公使馆，这就是

① 李范晋：朝鲜后期亲俄派政治家、外交官。断然实行了露馆播迁，驱逐了政府内的亲日派人士，组织了亲俄派内阁。

“露馆播迁”（俄馆播迁）。他们劝诱高宗为了王室安泰，暂时迁到俄国公使馆，而高宗在闵妃被暗杀之后感觉极度不安，也就听从了其劝诱。

高宗迁往俄国公使馆后，命令处死金弘集为首的亲日的开化派内阁阁僚，同时任命金炳始（1832 ~ 1898）为议政府议政（总理大臣），组织新内阁。阁僚中任用了李范晋、李完用、朴定阳等亲俄、亲美派。高宗一方面废止了断发令，一方面又向义兵下达敕令要求其解散。

高宗在俄国公使馆避难期间，政治为俄国公使馆和亲俄派所左右。亲俄派内阁中止了亲日派内阁所实施的改革，努力强化已经弱化的专制王权，但另一方，高宗在俄国公使馆避难期间，向俄国出让了多项特权，这又招致了引燃列强间特权争夺战的后果。

恰在此时，日清战争中，有“睡狮”之称的大国清朝败给了小国日本，导致了清朝之权威扫地，清朝被德国、英国、法国等列强以“租借”的形式分割。与在中国的列强角逐相呼应，在朝鲜半岛内特权之争也趋于激烈。

铁道铺设权，矿山采掘权，电气、电话的架设权，关税管理权等在建立近代国家上成为重要税收来源的权利，被廉价地交到外国之手，朝鲜王室招致了使其自主发展的道路变得更加艰辛的后果。

大韩帝国的成立

通过露馆播迁，高宗躲避到俄国公使馆进行施政，对此，以独立协会[1]为首来自国民的批评逐渐变强，一年后高宗返回了庆运宫（后来的德寿宫）。如前所述，由于露馆播迁，在朝鲜政府内部，日本的影响力减弱，相反，俄国的影响力在加强，以日本对俄国为代表，列强间展开了权利之争。

在朝鲜半岛内列强角逐趋于激烈化过程中，在朝鲜内部也终于开始出现了对自主独立的探索。徐载弼等组建的独立协会所发行的《独立新闻》、独立门的建设以及国王返回庆运宫就是其表现。另外，最具象征性的是 1897 年 10 月 12 日大韩帝国的成立。

大韩帝国第一代皇帝高宗

高宗为了表达大韩帝国是为与清朝同等的主权国家的主张，于圜丘坛（祭祀天地的祭坛）举行皇帝即位仪式，向内外宣布国号为“大韩帝国”。“大韩帝国”由此诞生。朝鲜国王由“王”改称“皇帝”，

① 独立协会：1896 年 7 月，徐载弼、李商在、尹致昊等为实现朝鲜的自主独立与内政改革而组建的政治团体。为了传播民族自觉与民权思想，在朝鲜首次以韩字活字发行《独立新闻》报纸。在独立协会的活动中，引人注目的是设立议会的要求和司法制度近代化的要求。1898 年 10 月，独立协会召开了万民共同会（市民集会）。市民数千人以及朴定阳、闵泳焕等政府高官出席了该集会。提出了以“朝鲜的自主与巩固专制皇权”“建立议会制度”“改革司法制度”等为内容的“献议六条”，并在现场取得了大臣们的署名和承认。但是，由于闵种默等守旧派导致了朴定阳政权下台，“献议六条”终归无效，独立协会也遭镇压，1899 年被解散。

开始使用“光武”年号。1899 年颁布了大韩帝国宪法“大韩国制”。据此，皇帝掌管所有的立法、司法、行政、军事、外交权，未设定任何限制其权利之条款。

1900 年开始，官员的官服改为穿着西装，1902 年再次颁布了断发令，官员们剪掉了头发。同年制定了“大韩帝国爱国歌”作为国歌，翌年下达了关于以全民皆兵为原则的征兵制度的诏敕。

进而，为了巩固国家财政基础，积极推进土地测量工作，发行证明农地所有权的“地契”。另外，进行以金本位为基础的货币改革，设立了中央银行。作为教育政策，强调以培养近代商人、技术者为目标的实业教育，设立了商工学校、光武学校等公立实业学校。在全国范围内扩充邮政、电报网，在汉城、仁川、开城、平壤等地开设电话。上述一系列改革被称为“光武改革”。

但是，大韩帝国所进行的上述改革，无非是再次恢复国王的权威，直接承认地主、官僚所把持的既得权利。因此，像分配土地等的农民的要求并未被接受，所实行的改革并未伴随实际内容。另外，改革所必需的财源未能得到充分确保，由于日本的妨碍等原因，从外国引入借款也未能如期待的那样取得进展。由此，国家对人参税、盐税等专卖事业进行了征税，并滥发作为辅助货币的白铜币，这又导致各地发生对土地所有权的争夺以及要求降低地租的抗争，人们的生活受到压迫。

从日俄战争到日韩合并

由于 1896 年的露馆播迁，在朝鲜半岛的俄国与日本的对立中，俄国方面取得了优势。进而，以 1900 年中国发生的义和团起义[①]为契机，俄国占领了中国东北地区。担心俄国南下的日本，与同俄国对立的英国结成了日英同盟，以牵制俄国，并要求俄国从中国东北地区撤退。在日俄交涉过程中，为了避免武力冲突，双方还探讨了"韩满交换论"的提案。即以俄国承认日本在朝鲜的自由、日本承认俄国在满洲（中国东北）的自由为内容的一种现实的选择方案，但双方最终未能达成一致。1903 年夏季开始，日俄交涉陷入僵局，终于在 1904 年 2 月 8 日，日本对仁川、旅顺的俄国舰队发动奇袭，日俄战争爆发。

大韩帝国（以下称韩国）宣布局外中立，日本则从开战前就向韩国增派军队，以军事力量为背景，于 2 月 23 日与韩国缔结了"日韩议定书"。议定书明确规定日本"确实保证大韩帝国的独立及领土完整"，同时，规定韩国政府应为"大日本帝国之行动提供充分的便利"，日本政府"可随时征用军事战略上必要之地点"。3 月，日军组编成韩国驻扎军，将韩国置于军事占领之下，进而，8 月，日本与韩国缔结了"第一次日韩协约"，协约规定，为监督韩国的财政与外交，设置由日本政府派遣的顾问一职。据此，日本人目贺田种太郎（1853 ~ 1926）就任财政顾问，美国人史蒂文斯受雇为外交顾问。此外，日本人还以顾问身份进入宫内府、军部、学部、警务等部门，

---

① 义和团起义：中国清朝末年的 1900 ~ 1901 年发生的起义。起初为秘密结社团体义和团所发起的驱逐外国势力运动，基督教会等被破坏。运动在 1900 年达到高潮，西太后等清朝保守派支持了该运动，对欧美列强发布了宣战通告，导致了日本、俄国、美国等八国共同出兵。也被称为义和团事件、北清事变。

实行内政干涉（顾问政治），韩国政府的自主政治再无法施行。

另外，日俄战争的局面，由于日本在 1905 年 1 月的旅顺的战斗和 3 月的奉天会战，以及 5 月的日本海海战中获胜，转向有利于日本。以此为契机，日本策划让列强各国承认其对韩国的支配。首先，于 7 月与美国达成《桂太郎·塔夫脱协定》，承认美国对菲律宾的支配；翌月又与英国结成第二次日英同盟，承认英国对印度的统治。其目的是通过承认上述的殖民地统治，以换取美英对日本对于朝鲜的“保护权”的承认。进而，1905 年 9 月，在美国的居中调停之下，与俄国签订了《日俄讲和条约（朴茨茅斯条约）》，使俄国承认日本“于韩国之政治军事经济上均有卓绝之利益”。所谓保护权，指日本剥夺韩国的外交权，在政治上则由日本的驻扎官（驻在官）进行监督。

这样，日本以对韩国进行保护之名义，于 1905 年 11 月 17 日与韩国政府缔结《第二次日韩协约》(《日韩保护条约》，在韩国被称为《乙巳条约》)①，使韩国外交权被剥夺，从独立国家没落为殖民地。条约缔结之际，伊藤博文带领朝鲜驻扎军司令官长谷川好道（1850 ~ 1924）等出席，并派日本宪兵队包围了阁僚会议会场。然后，通过对阁僚进行威胁与个人审问的方法强制性地使其缔结条约。根据《第二次日韩协约》，日本在韩国设立了保护国统治机关——统监府。1906 年，日本将韩国的日本公使馆改为统监府，同年 3 月，伊藤博

① 乙巳条约与乙巳五贼臣：参与日韩保护条约（乙巳条约）缔结的朴齐纯、李址镕、李根泽、李完用、权重显等五名大臣，因其卖国行为被称为“乙巳五贼臣”。

文被任命为第一任统监。统监[①]是天皇直属的官吏，拥有行使韩国的外交权、监督在韩国的日本机关、统率指挥驻扎在韩国的日本军的权限。

1907 年 6 月，高宗认为《第二次日韩协约》无效，向在荷兰海牙召开的万国和平会议派出密使，试图申述条约的不正当性（海牙密使事件[②]）。但是，该会议以韩国没有外交权为理由拒绝了韩国密使参加，高宗的目的未能实现。

安重根

针对高宗派遣密使一事，伊藤博文统监向韩国政府提出抗议，逼使具有很强反日意识的高宗退位，代之以让皇太子纯宗继位。

进而，7 月，日本迫使韩国签订《第三次日韩协约》(《日韩新协约》《丁未七条约》)，强行要求任用由统监推荐的日本人为官吏，继外交权之后，日本又掌握了内政相关之权力。8 月，军队也被迫解散，

① 历任韩国统监：第一任为伊藤博文（1906 年 3 月 3 日就任）；第二任为曾祢荒助（1909 年 6 月 14 日就任）、第三任为寺内正毅（1910 年 5 月 30 日就任，兼任陆相，7 月 23 日赴任）。

② 海牙密使事件：1907 年，高宗向荷兰海牙举行的第二次万国和平会议派出李儁、李相卨、李玮钟三人，以控诉日本剥夺韩国外交权的不正当性，在派遣密使一事被暴露后高宗被迫退位的事件。事件发生后，日本与韩国签订了第三次日韩协约，韩国被日本剥夺了内政权。

因反对解散的军人加入到义兵之中，从 1909 年 9 月开始日本进行了“南韩大讨伐作战”，对其进行镇压。

1909 年 10 月发生了反对日韩合并的安重根（1879 ~ 1910）在中国哈尔滨车站射杀就任枢密院议长的伊藤博文事件。1910 年 7 月，陆军大臣寺内正毅（1852 ~ 1919）赴任朝鲜统监。

而赞成日韩保护条约的官僚李完用则就任总理大臣，组建了亲日内阁，1910 年 8 月 22 日，大韩帝国总理大臣李完用与韩国统监府寺内正毅统监签署了《日韩合并条约》(关于日韩合并的条约)。据此，拥有长达 519 年历史的朝鲜王朝结束。因担心朝鲜民众反对，日本在一周后的 8 月 29 日才公布了条约的签署。该日被韩国定为“庚戌国耻日”。

抗日义兵活动

在被日本剥夺国权的过程中，韩国（大韩帝国）政府完全未能进行军事抵抗。军事抵抗与“闵妃虐杀事件(乙未事变)”之际相同，是由义兵进行的。乙未义兵之后，朝鲜半岛内所展开的大规模义兵活动有“丙午义兵”和“丁未义兵”。

“丙午义兵”是 1904 年 2 月日俄战争爆发同时“日韩议定书”被签署、韩国被强行要求给予日军以军事协助的背景下，为反抗上述事态而兴起的义兵活动。

该义兵活动的主角是农民，英学党、南学党、活贫党等农民运动组织所进行的反封建抗争，都转化为抗日义兵斗争。

该丙午义兵活动，以儒学者为领导，以农民为首，包括地方官吏都参加了进来，所以，其规模要比“乙未义兵”要大，在理念方面，与“乙未义兵”当时相比，保卫国家的意识更强烈。1906 年 6 月为止，全国有 60 多个郡兴起了义兵。前参判闵宗植（1861 ～ 1917）所率领的 1000 余人的义兵部队以忠清南道洪州城为据点与日军展开交战，崔益铉也在全罗北道的泰仁起兵。

乙未义兵时期的义兵们

1907 年，以海牙密使事件所导致的高宗退位以及第三次日韩协约缔结、军队的解散等一系列事件为契机，兴起了“丁未义兵”。

该丁未义兵活动中，申乭石（1878 ～ 1908）、洪范图（1868 ～ 1943）等平民出身的义兵长很活跃，而旧军的士兵作为义兵汇合进来后，义兵的战斗力大幅提高。进而，义兵们通过地域间的协作，展开了驱逐大规模部队的联合作战。1907 年 12 月，义兵将领李麟荣（1867 ～ 1909）等向全国义兵将领发出檄文，在京畿道杨州集合了来自全国的 1 万余名义兵，组成十三道倡义军，毅然对汉城发起进攻作战。但是，十三道倡义军在东大门郊外的激战中失败。翌年 5 月，又以汉城北方的临津江为据点进行汉城收复作战，再次失败。此后，义兵斗争转向以伏击、奇袭为主的游击战。

国内的义兵在太白山、智异山等山中进行潜伏，展开游击战，特别是全罗道地区的抵抗尤为激烈。面对义兵活动，如前所述，日本于 1909 年 9 月到 10 月进行了南韩讨伐作战，全罗道一带的义兵活动因此遭到巨大打击，趋于平静。1910 年日韩合并后，义兵活动通过以中国东北地区和俄国沿海州一带为根据地组织起来的独立军形式展开。丙午义兵和丁未义兵所进行的抗日活动，虽然未能阻止大韩帝国的灭亡和日韩合并，但构成为其后的独立运动的基础。

第 6 章 殖民统治下的朝鲜

概要

1910 年 8 月 29 日，《关于韩国合并的条约》实施，朝鲜被置于日本的殖民统治之下。直到 1945 年 8 月 15 日的近 35 年间，属于日本殖民地时代（在韩国，多将这一时期称之为“日帝强占期”、“日帝三十六年”）。

日本在朝鲜设置了朝鲜总督府作为统治机关，引入了由现役宪兵直接担当警察业务的宪兵警察制度。进而，以包括小学教员、地方官吏在内也佩刀的高压方法谋求殖民统治的安定。在禁止民族教育、剥夺言论出版自由、禁止结社集会等的同时，为了保障日本资本的有效进入和确保朝鲜市场，发布了公司令，对朝鲜人的经济活动进行限制。此外，还施行了“土地调查事业”，进行了包括铺设铁路、建设公路、修建港湾等在内的基础设施的完善工作。

这样，从 1910 年到 1919 年，日本以高压的方法镇压了朝鲜人民对殖民统治的反抗，巩固了殖民统治的基础。该时期被称为“武断政治时期”。

但是，在民众针对上述“武断政治”的不满高涨之时，发生了俄国革命以及第一次世界大战结束后的世界秩序的重建，以此为契机，1919 年 3 月 1 日发生了“三 · 一”独立运动，并扩散至全国。日本以武力镇压了该运动，但也意识到依靠传统的“武断政治”已经不能维持殖民地统治，由此进行了统治方法的转换，即转变为在加以限制的前提下承认表达、结社、集会的自由，同时以更加稳健的统治，对人们施以怀柔政策，以维持殖民地统治。这一系列的统治政策被称作“文化政治”。由此，宪兵警察制度被废除，改为普通警察制度；在实施地方自治制度的名义下，设置了“面部协议会”、“道评议会”等机构，并吸收朝鲜人参加。

另一方面，日本为了解决本土的粮食不足，从 1920 年起实施了“产米增加计划”，通过水利设施的修建和土地改良事业，以达到朝鲜半岛大米增产的目的。另外，从1910年代后半期到1920年代中期，日本对朝鲜的工业投资增加，三井、三菱、野口等财阀资本开始进入朝鲜。而在纤维工业、橡胶加工业等领域，由朝鲜人资本建立了中小企业。

“三 · 一”独立运动之后，为了引导独立运动，1919 年 4 月在中国上海成立了“大韩民国临时政府”。1927 年在朝鲜国内，联合了民族主义势力与社会主义势力的“新干会”肩负起民族运动的重任，虽然受到朝鲜总督府的监视与镇压，仍然指导着工人运动、农民运动、学生运动。

但是，1931 年 9 月满洲事变发生，中国东北部建立了“满洲国”，日本对朝鲜统治的情况突然改变。朝鲜被定位为对中国的兵站基地，日本对朝鲜的统治方法再次转换为高压型。被“文化政治”所缓和的管制再次被强化，朝鲜国内的民族运动被彻底镇压。1937 年日中战争爆发，1938 年国家总动员法实施后，成立了“国民精神总动员朝鲜联盟”，战时体制被确立，管制变得更加严酷。

进而，日本又推行了将朝鲜人改造为“忠良的日本臣民”的“皇民化政策”，强制要求普及日本语、参拜神社、遥拜宫城等，实施了将姓名改为日本式姓名的“创氏改名”，并通过购买公债来筹集战争经费等。当中国战线进一步扩大时，日本对朝鲜人也适用了国民征用令，以进行战争动员，1941 年太平洋战争爆发时，动员进一步得到强化。

太平洋战争末期，实施了陆军特别志愿兵制度、征集制度、学生支援兵制度等，朝鲜人直接作为战斗力被动员起来。

在上述情势下，以上海（后来在重庆）的大韩民国临时政府和中国东北部的共产主义组织为中心，坚持着民族独立运动。1945 年 8 月，日本接受了《波茨坦宣言》，日本由此战败，朝鲜从殖民统治中脱离出来。

朝鲜总督府与武断政治

1910 年日本与大韩帝国（韩国）政府签订《关于韩国合并的条约》，将大韩帝国并入日本，将其领土变为殖民地。进而，将其领域改称为“朝鲜”，将其王都汉城改称为“京城”，设置统治机构“朝鲜总督府”，对朝鲜进行真正的殖民统治。

日韩合并时的朝鲜总督府是以继承 1905 年所设置的韩国统监府的机构的形式设立起来的。其下设立总督官房和总务部、内务部、度支（会计）部、农商工部、司法部五部，另外，作为所属官署，设置有中枢院、警务总监部、法院以及铁道局等国家专管的公共事业部门。

朝鲜总督府厅舍（1920年代）

朝鲜总督府的最高责任者为朝鲜总督[①]，从陆海军大将中任命，只服从于天皇。因此，其不受宪法的直接束缚，拥有朝鲜的行政权、立法权（发布代替本国法律的法律制度的权利）、司法权（包含对下级官厅的指挥监督权），掌握着驻扎（驻留）朝鲜的陆海军的统帅权。即总督是拥有着首相也不能及的绝大权限的绝对存在。另外，历任总督都是陆海军现役大将一事，则象征着日本的殖民统治是以军事

① 历任朝鲜总督：第一任为寺内正毅（1910年10月1日就任），第二任为长谷川好道（1916年10月16日就任），第三任为斋藤实（1919年8月12日就任），第三任代理宇垣一成（1927年4月15日就任），第四任为山梨半造（1927年12月10日就任），第五任为斋藤实（1929年8月17日就任），第六任为宇垣一成（1931年6月17日就任），第七任为南次郎（1936年8月5日就任），第八任为小矶国昭（1942年5月29日就任），第九任为阿部信行（1944年7月24日就任）。

力量为背景的“武断政治”。

另外，为了压制民众的抵抗，进行统治，实施了宪兵警察制度，即本来以军事警察为职守的宪兵，与警察一道担当起对民间人士执行普通警察业务的职能。根据该制度，朝鲜驻扎军宪兵队司令官兼任警务总长，各道所配置的宪兵队长兼任各道警察部长，宪兵少尉以上军官兼任警视，宪兵下级士官兼任警部。从机关数量以及职员数量来看，宪兵都比警察要多。宪兵警察的业务除了讨伐义兵等对民族运动的镇压之外，还涉及对抗日势力的情报收集、户籍业务、日本语的普及、道路的修复、农业改良、副业奖励等一般行政的广泛领域。警察署长、宪兵队长拥有可以科以罚金、笞刑、拘留等刑罚的即决审判权。此外，在学校，日本教师穿着制服佩剑进行教学。

进而，总督府提出“同化主义”，为了实现朝鲜人的日本人化，1910 年颁布了集会取缔令，剥夺了人民的言论、出版、集会、结社的自由。据此，从日韩合并之前即作为国权恢复运动之一而展开爱国启蒙运动的大韩协会等的政治结社被迫解散。翌年，发布了“第一次朝鲜教育令”，以培养“忠良的国民”为目的，按照教育敕语，进行天皇的参拜与日本语的普及。这样的武断政治一直持续到 1919 年的三·一独立运动。

土地调查事业与公司令

1910 年，朝鲜总督府在推行同化政策的同时，进行了“朝鲜土地调查事业”（1910 ~ 1918 年）。通过该调查事业，进行了全国土地测量（耕地、市街地），确定土地所有权，以地价为根据征收税金的制度获得了完备。

为了取得对原有土地的所有权，必须对该土地的相关关系进行申告，但是很多农民法律知识不足，再加上政府宣传得不够，农民们由祖先传下来的土地未能进行任何抵抗就被剥夺了。该土地调查事业，在结果方面，也是对开港以来日本地主所掠夺的土地的事后承认，广大的土地变成了日本人所有。

另外，当时，很多自耕农为了避免被不良官吏掠夺，为方便起见，将多数田地以捐赠的形式挂到了政府机关或皇室名下，这也导致了不幸后果。本来应该属于民有地的土地，被总督府强行变为国有地。土地被转让到了东洋拓殖株式会社[①]为首的日本地主手中，带来了日本农民对朝鲜渗透的结果。

进而，在此之前习惯上被承认的农民们的共同利用林“无主公山”被否定，被转化为国有林，这也成为使其生活困苦的原因。失去了赖以生存的土地的农民，或从自耕农沦落为佃农，或变成流民迁往日本或中国

土地调查事业

① 东洋拓殖株式会社：1908 年，日本为了推进在朝鲜半岛的殖民地事业而成立的国策会社（译者注：国家保护或支配下的被赋予特权的半官半民公司）。

东北。

在实施土地调查的同时，总督府颁布公司令，规定无论是朝鲜人还是日本人，设立公司时必须得到总督府的许可。该法令表面上是“为了事先防止因为朝鲜人的法律或经济方面的知识、经验不足或日本人对朝鲜的实际情况了解不足所造成的损失”，但是从1910年到1919年为止的该法令的实施情况来看，日本人所提出的公司设立申请基本上都获得了批准，而朝鲜人所提出的公司设立申请则仅有一成左右获得了许可。该法令被认为是要抑制朝鲜人工商业的发展，但从申请人的规模及实绩来看，又似乎并不是单单朝鲜人的资本受到抑制。朝鲜人的资本大部分是小额资本，可以认为，由于开港以来的日本企业的进入以及经济政策的缘故，朝鲜人企业发展为公司活动的余地已经很小，由于日本企业的进入，朝鲜独自的工商业的发展受到阻碍，这又导致了将朝鲜当作日本的商品市场、原料生产地的结果。

产米增加计划

1918年8月，日本发生全国性的米骚动，并演变为寺内正毅内阁总辞职等重大事件。其原因是，随着工业化的进展，都市人口急剧增加，大米供应持续不足，再加上第一次世界大战所引起的米价高涨以及受寺内正毅内阁出兵西伯利亚宣言的影响，商社、大米批发商以投机为目的买断大米等。

当时的日本，为了补充国内大米的不足，除了朝鲜、台湾之外，还依赖大米进口。因该大米之进口开始对日本财政带来压力，日本政府为了提高日本国内、朝鲜半岛内的大米的自给率，制定了“产米增加计划”。该计划既有消除日本大米不足的目的，也有对应朝鲜半岛内的大米需求，安定朝鲜半岛农业生产、维持治安，以及将朝鲜地主阶层纳入到殖民统治之内的目的。该计划从 1920 年开始实施，最初计划是通过 30 年时间进行改善耕种和实现 80 万町步土地的改良，但数年后该产米增加事业开始破产，以致于数次修改计划。最终，由于 1930 年的昭和恐慌，计划陷于停滞，1934 年计划在事实上中止。

由于该产米增加计划，农业生产力提高，农业经营中的稻米种植的比例提高。但是，以面向日本市场的米谷输送为中心的商品化进展的结果，导致对日本的大米输出量是生产的增加量的数倍。

1921 年朝鲜大米的生产量为 1488 万石，与此相比，1928 年增加到 1729 万石，是前者的 1.16 倍，但对日本大米的输出量则从 1921 年的 308 万石增加到 1928 年的 740 万石，是前者的 2.4 倍以上。朝鲜人均每年大米的消费量也从 1921 年的 0.67 石减少到 1928 年的 0.54 石（同期日本人均为 1.13 石），而为了补充大米的不足，从中国进口的谷子数

集中于仁川港的输往日本的大米（1935 年左右）

量急剧增加（金云泰《日本帝国主义的韩国统治》）。另外，在大米销售中获利的日本地主、商人，控制了朝鲜半岛谷仓地带的中心区域，驱逐了朝鲜中小地主，这造成了加速农民的流民化和海外迁移的后果。

震动全国的“三·一”独立运动

在从 1910 年开始实施的武断政治之下，人们被剥夺了生存的土地以及言论、出版、集会、结社的自由等基本的权利，而对此进行反抗的民族独立运动，也被朝鲜总督府镇压。

从 1910 年到 1911 年，民族运动被镇压的代表性事件如下：一个是“安岳事件”，1910 年 12 月，以安重根之堂弟安明根等在黄海道安岳地区为筹集独立运动资金而对他人进行敲诈为名，逮捕了安明根、金九等多名民族主义者；另一个是“105 人事件”，以 1910 年末寺内正毅总督巡视平安道之际制定了暗杀计划的罪名，于 1911 年逮捕了尹致昊等 600 名民族主义者，并在法院一审中起诉了 105 人。

另外，如前所述，据第一次朝鲜教育令，公立学校中的朝鲜语学习时间受到限制，同时要求进行日本语、日本史的授课；进而，私立学校、书堂所进行的朝鲜语、朝鲜史等的民族教育也被 1915 年的私立学校规则、1918 年的书堂规则所禁止，人们被剥夺了民族的自豪感和归属感。

对于强制性的土地调查事业，农民们的反抗斗争虽然零散，但也遍及全国。包括进行对警察驻在所以及官衙的袭击等，民众间对武断政治的不满不断高涨。

在这期间，1917 年发生的俄国革命使得俄国帝政倒台，诞生了社会主义国家；翌年 1 月，美国威尔逊总统在巴黎和会上提出在第一次世界大战战败国的殖民地处理问题上适用民族自决主义（根据该会议，欧洲诞生了爱沙尼亚、奥地利、芬兰等多个独立国家）。上述事件对朝鲜的独立运动也带来刺激，在美国进行独立运动的安昌浩[①]（1878 ~ 1938）、上海的新韩青年党（由吕运亨[②]（1886 ~ 1947）、金圭植、张德洙等组织）策划向 1919 年 1 月在巴黎凡尔赛宫举行的和会派遣代表团就朝鲜独立进行请愿。进而，1919 年 2 月 8 日，在东京，以朝鲜留学生会为中心，发表了民族大会召集请愿书和独立宣言书，史称《二·八独立宣言》。

安昌浩

受到海外上述独立运动高涨的影响，在朝鲜国内，以天道教、基督教、

① 安昌浩：独立运动家。组织成立了民族组织新民会、青年学友会、兴士团，在平壤设立了大成学校。三·一运动后，任上海临时政府内务总长，展开独立运动。此外，成立了兴士团，展开集体的道德变革运动。

② 吕运亨：独立运动家、政治家。1918 年在上海组织了新韩青年党，参与了 1919 年 4 月的大韩民国临时政府的建立。解放后，组建朝鲜建国准备委员会，1945 年 9 月担任朝鲜人民共和国副主席。作为左右合作委员的左派代表努力于合作，1947 年 7 月被李承晚派暗杀。

佛教 3 个宗教团体的代表们为中心，推进着独立运动的计划。

由各宗教界选出天道教的孙秉熙（1861 ~ 1922）、基督教的李升薰（1864 ~ 1930）、佛教的韩龙云[①]（1879 ~ 1944）等民族代表 33 人（天道教 15 人、基督教 16 人、佛教 2 人），在崔南善[②]（1890 ~ 1957）所起草的独立宣言书上签名，秘密印刷了两万份，分发到全国。并预定于同年 1 月去世的高宗国葬日（3 月 3 日）之前的 3 月 1 日，在首尔钟路的塔洞公园发表独立宣言。但是，到了当日，因担心参加示威的学生、市民会打破非暴力的原则，上述代表聚集到位于仁寺洞的泰和馆，在宣读了独立宣言书之后，向警方自首。

“三・一”独立运动聚集在光化门纪念碑殿的人们对万岁示威游行进行响应

但是，这时，塔洞公园已经聚集了大量的市民，学生们朗读了独立宣言书。群众走上街头，高呼“独立万岁”，手持太极旗，进行了示威游行。而因高宗葬仪而集中到首尔的

---

① 韩龙云：独立运动家、僧侣、诗人。1926 年出版了诗集《她的沉默》，开抵抗文学之先驱，通过佛教强化青年运动。加入新干会，任京城分会会长。

② 崔南善：新文学运动的先驱者。创刊《少年》杂志，刊载李光洙的小说。发表新体诗，致力于新文学的普及。起草了“三・一”运动独立宣言书，作为民族代表而活跃。后进行亲日活动，成为被批评对象。解放后埋头于历史研究。著有《朝鲜历史》《朝鲜常识问答》等多部书籍。

人们也与游行队伍汇合在一起，发展成为数万人规模的示威活动。这就是“三·一”独立运动（独立万岁运动）。

朝鲜总督府动员了警察、宪兵和军队，逮捕了主谋者，驱散了群众。独立万岁运动在 3 月 1 日当天就扩展到平壤、镇南浦、安州、义州、宣川、元山等平安道、咸镜道的各地区，并逐渐扩展到全国。见到了首尔的万岁运动的梨花学堂学生柳宽顺（当时 17 岁）在故乡忠清南道天安指挥了独立运动。她被逮捕起诉，收监于西大门刑务所，死于狱中，但其独立精神与勇气被提倡，后来被表彰为独立烈士。

在扩展到地方的都市和农村的万岁示威中，农民和工人加入进来。特别是在农村，人们涌入警察驻在所、警察机关、郡衙、面事务所（译者注：面是郡之下的一个行政区划，相当于日本的村）等，投石或进行破坏活动。此外，由于军队被动员参与镇压，人们就以镰刀、锄头与日本宪兵队展开武力斗争。从 3 月下旬到 4 月上旬，同时多地发生了激烈的斗争，并持续到 5 月。进而，运动扩散到中国东北的间岛（中国吉林省的东部、图们江北岸地区。相当于现在的延边朝鲜族自治州）、苏联的沿海州、美国等地。

这样，“三·一”独立运动在 3 月 1 日之后扩大到全国，在国内几乎所有的郡都发生了示威。到 5 月末为止，集会数量达到 1542 次，参加者总数则达到 2023089 人。对于该运动，朝鲜总督府进行了残酷的镇压。死者人数为 7509 人，负伤者人数为 15961 人，被捕者人数为 46948 人（朴殷植《朝鲜独立运动血史》）。该运动虽然由于朝鲜总督府的镇压而失败，但也让独立运动家们认识到了领导独立运动的组织的必要性，由此带来了大韩民国临时政府的成立。另外，受到该运动的影响，在中国发生了五四运动；在欧美殖民地统治之下的东南亚、印度，则成为促使民族主义觉醒的契机。

向文化政治的转换

面对“三·一”独立运动的发生，日本认识到按照传统的“武断政治”来统治韩国已经不可能，由此转变了统治方法。

新任朝鲜总督斋藤实（1858 ~ 1936）提出以“文化的发展与民力的充实”为内容的“文化政治”。其通过官制的改革，开辟了文官担任总督的道路（但是实际当中并未出现文官被任命为朝鲜总督的情况），宪兵警察制度、教师穿制服带刀也被废止。

另外，包括任用朝鲜人为官吏并改善其待遇、对于言论出版的自由、结社集会的自由也给予部分承认、尊重民族文化与习惯等等，对统治方法进行了转换。据此，1919 年对“时事新闻”、1920 年对“朝鲜日报”、“东亚日报”等朝鲜人的朝鲜语报纸的发行以及《开辟》《创造》等朝鲜语杂志的刊行给予了承认。这些新闻和杂志必须接受朝鲜总督府的审阅，其也数次受到发行停止或禁止等的处分，但在受到类似制约的过程中，也可以看到其对总督府进行批评以及呼吁民族独立的动向。此外，关于集会和结社，在附加不扰乱治安和秩序的条件前提下，其自由也被允许。

关于 1911 年实施的阻碍朝鲜人经济活动的“公司令”，也在 1920 年 4 月，以朝鲜人的经济能力、知识已经提高为理由，除了交易所、保险业、中介业等的例外之外，采取了不再适用该法令的措施。

1922 年，曹晚植[①]（1882 ~ 1950）在平壤成立朝鲜物产奖励会，在全国展开爱用朝鲜物产运动。进而，对民族教育的需求，又促进了民立大学期成运动的诞生。1922 年李商在[②]（1850 ~ 1927）等成立了朝鲜民立大学期成准备会，展开以成立大学为目的的资金筹集等活动。虽然该运动由于财源的不足以及总督府的压力，未能达成所期待的目的，但不久还是结出了果实，创立了延禧专科学校（现在的延世大学）、普成专科学校（现在的高丽大学）。

实施“文化政治”的 1920 年代与日本的大正民主运动时期在时间上有着部分重叠。后者对朝鲜也产生影响，各种工人、农民运动以及民族运动被开展的同时，受社会主义思想的影响，佃农斗争和劳工纠纷在全国范围内蔓延。

1926 年 6 月，以大韩帝国末代皇帝纯宗的葬礼为契机，汉城发生了“六・一〇”万岁运动，独立运动再次高涨。

此外，如后述，社会主义者与民族主义者联合成立了“新干会”，对殖民统治进行抵抗。1929 年 11 月全罗南道光州发生了以学生为主导的反日示威，到翌年示威扩展到全国（光州学生抗日运动）。共有 194 所学校 54000 余学生参加了该示威，发展成为“三・一”独

---

① 曹晚植：独立运动家、政治家。参加“三・一”独立运动，1920 年组建朝鲜物产奖励会，推广爱用国产品运动等，作为民族运动、基督教界的重要人物展开了抗日运动。解放后，在平壤建立了朝鲜民主党，致力于民族统一运动。

② 李商在：政治家、宗教家。与徐载弼一起组建了独立协会，致力于民族启蒙。“三・一”独立运动后，担任朝鲜日报社长，1906 年任基督教青年会会长，1927 年就任新干会首任会长。

立运动以来最大的学生运动。在江原道元山还发生了工人的总罢工，持续了三个月以上。

这样，进入1920年代，日本的统治方法被转换为文化政治，武力再未出现在前台，但是，对民族运动的取缔和镇压一直继续着。其本质不过是转换为通过对言论出版的自由、结社集会的自由给予部分承认的怀柔政策来消耗反日精神的巧妙统治方法而已。从警察的官署以及警察的数量增加到原来的三倍的事实，也可以认为统治的本质并没有发生变化。

朝鲜总督府在1920年，将警察署的数量由上一年的736个增加到2746个，警察数量卜一年的6387人增加到20134人。另外，日本让朝鲜人作为行政系统的基层官吏在面协议会、道议会任职，其目的可以看做是想通过将朝鲜人纳入到殖民统治体制的方式，来培养亲日派势力，在民族运动内部引起对立和混乱，以削弱民族运动。

另外，1925年实施了治安维持法，在日本本土该法律主要是以社会主义为对象，但在朝鲜半岛，被扩大解释为“所有的民族运动都会威胁日本的国体”，施加以更加严格的监视与镇压。

独立运动组织、新干会的成立

1924年1月，李光洙[①]（1892 ~ 1950）在《东亚日报》上发表

---

① 李光洙：小说家。1917年发表长篇小说《无情》，开辟了近代文学之路。1919年，参加中国上海的临时政府，但在日本殖民地时期末期转向亲日，受到诸多批判。朝鲜战争时期，被掳至北方。作品除了《无情》之外，还有《开拓者》《土》《有情》等。

社论《民族的经纶》，主张“在朝鲜，在允许的范围内组织一大政治结社，与产业结社、教育结社一起，实行民族改良，培养实力”。受该主张影响，民族主义阵营被分为提倡民族改良的金性洙[①]（1891 ~ 1955）等的妥协派与安在鸿（1891 ~ 1965）等的非妥协派，其间形成对立，安在鸿等人开始摸索与社会主义者相联合的道路。另外，社会主义者们也与此相呼应，1927 年 2 月，成立了火曜会、朝鲜共产党等 4 个社会主义团体参加的“新干会”。因为新干会集结了 1920 年急速发展的社会主义运动力量与非妥协派的民族运动力量，所以，具有非常强的组织力，成为日本殖民地最大的独立运动组织。朝鲜日报社长李商在被选为会长。

新干会成立后，受到了各地的独立运动家、市民活动家等的范围广泛的支持，1927 年 12 月其分会很快突破了 100 家，最终在全国200个郡中建立了150家分会，拥有来自各界各阶层的4万名会员。

这样组织的诞生，与 1920 年代以后，急速变化的国内外情况有着紧密的关系。1917 年俄国革命爆发，翌年在俄国沿海州哈巴罗夫斯克，李东辉[②]（1872 ~ 1935）等人组建了韩人社会党（后来的上海派）；在伊尔库茨克金哲勋等组建了全俄高丽共产党（后来的伊尔库兹克派），其为了扩大本派的力量，向朝鲜国内派遣了联络员。因

---

① 金性洙：政治家、教育家。创立京城纺织，创刊《东亚日报》的同时，经营普成专科学校（现在的高丽大学）、中央学校。曾担任韩国民主党党首、民主国民党最高委员。

② 李东辉：独立运动家。1920 年就任大韩民国临时政府国务总理，后转向共产主义，与李承晚等对立，辞掉国务总理一职。

此在朝鲜国内诞生了火曜会（伊尔库兹克派，金在凤、朴宪永[①]〔1900 ~ 1955〕等）、首尔青年会（上海派，李英、金思国等）、北风派（东京留学生为中心，金若水、金钟范等）等社会主义团体。他们在互相对立的同时，与民族主义阵营、知识阶层、青年阶层保持着接触，在朝鲜国内传播着社会主义思想。这样，在 1925 年 4 月，朝鲜共产党在非合法状态下由金在凤等人组建。

新干会被总督府禁止召集全国大会，其就在各郡的分会召开辩论大会、演说会，举办夜校、讲座等，努力提高大众的意识，组织工人、农民运动，反抗日本的殖民政策。与上述分会的活跃的活动相比，新干会的本部因为日本的镇压与自身领导能力的不足，并未能充分发挥出其作用。

1929 年 6 月所召开的大会上，许宪被选举为中央执行委员长。执行部制定了将当时发生的光州学生运动扩散到全国的计划，但许宪等干部 44 人被总督府监禁，领导层中的非妥协派民族运动力量被削弱。作为许宪的后任就任委员长的金炳鲁为了避免与日本的摩擦，选择了妥协、稳健路线。这引起了下层会员的反对，再加上第三国际（国际共产党）的方针的变化，新干会解散论抬头，1931 年 5 月召开的全国大会决议解散新干会。

新干会解散后，安在鸿等非妥协派民族主义者几乎不再能够展开有组织性的独立运动，只能停留于个人性的抵抗。结果，社会主

① 朴宪永：共产主义活动家。参与创立朝鲜共产党，组建南朝鲜劳动党，以其党首资格担任北朝鲜的内阁副总理兼外相。朝鲜劳动党成立后，担任副委员长，在金日成进行的对南劳动党系人士清洗中，被逮捕处死。

义者从与非妥协派民族主义者的联合，转向致力于农民组织运动以及以此为基础的朝鲜共产党重建运动，而民族改良主义者则转变为亲日派。

国外的独立运动、独立军的活动

“三·一”独立运动之后，从朝鲜逃亡的独立运动活动家们以中国东北部的“北间岛”、“西间岛”地区为据点，展开义兵独立运动。在该地域，1920 年代前后，由义兵出身者组织了多个独立军。丁未义兵（1907 年）中作为义兵将领而活跃的洪范图所率的大韩独立军、临时政府所属的北路军政署、西路军政署、光韩团、大韩独立义勇团、光复团等 50 个以上的组织进行着活动。当朝鲜国内爆发“三·一”独立运动时，他们越过图们江、鸭绿江，对朝鲜国内展开进攻，袭击地方的驻在所、面事务所、营林署等殖民统治机构，开展着抗日斗争。

在青山里战斗中获得大胜的大韩独立军

1920 年 6 月在中国汪清县三屯子所展开的与日本军的交战中，独立军击溃了日军，进而伏击了追击而来的日军部队，使日军死伤 330 多人（凤梧洞战斗）。1920 年 10 月，针对上述抗日斗争高涨的形势，日本为了进行真正的对独立军讨伐，策划了“珲春事件”（收买中国马贼对领事馆进行放火，污其为独立军行为）。日本称该事件为独立军所为，以其作为对间岛越境出兵的借口，进行了歼灭独立军的作战。在该歼灭作战中，最激烈的交战是青山里（吉林省和龙县三道沟）的战斗。

10 月 20 日，日军以 15000 人的兵力对独立军据点吉林省青山里发动进攻。在这里，除了金佐镇将军所率领的作为主力部队的北路军政署之外，还有洪范图所率的大韩独立军为首的六支独立军部队。独立军转战于白云坪、泉水坪、渔郎村、古洞河谷等地区，历时四天，给予日军以重大打击。日军为进行报复，烧毁该地区的民房，迫使独立军不得不进一步转向北部地区。1921 年各独立军重新组成大韩独立军团，据点也移往沿海州。其后，因大韩独立军团被卷入苏联国内的内战，被解除了武装，其在间岛地区的抗日武装斗争转入低潮。

进入 1930 年代后，日中战争爆发，在间岛地区从事武装斗争的人们积极加入到中国的抗日战争之中，继续着武装斗争。另外，在延安、重庆等地，直到日本投降为止，一直坚持着抗日斗争。

十五年战争与皇民化政策

日本在 1931 年引发了满洲事变，翌年建立了傀儡国家满洲国，1937 年 7 月又引发了卢沟桥事变，正式发起了对中国的侵略。这就是日中战争——十五年战争的开端。

起初，日本政府与中央军部为了避免国际社会的批评，宣布不扩大战争。尽管如此，以同年 8 月的第二次上海事变（译者注：淞沪会战）为契机，日中战争扩大为全面战争。

日本政府则利用该日中战争的机会，推行了将朝鲜改造为向中国大陆前线补给人员、粮食、兵器等的兵站基地的政策。日本政府认为与中国大陆毗连的朝鲜半岛，矿物资源和劳动力资源丰富，适合于生产军事物资。因此，首先利用临时资金调整法将国内资金重点分配给军需工业，而为了加强对日本所不产的菱镁矿和钼矿等稀有金属的开采，还颁布了朝鲜重要矿物增产令。

1938 年 4 月，日本本土为了实行总力战，公布了将国家全部的人力、物力资源集中于政府的统制、运用之下的国家总动员法（同年 5 月实施），翌年又公布了征用令。

但是，关于在朝鲜半岛适用征用令以进行强制动员一事，因考虑到朝鲜国民感情，被暂时搁置；而通过根据劳务动员计划所进行的"自由招募[①]"向日本九州、北海道煤矿集体性迁入朝鲜劳工的活动则被实施。这样，为了推行战争而努力充实后方的同时，积极推进了以将朝鲜人培育成忠诚的日本人（皇国臣民）并派到战场为目的的"皇民化政策"。

1937 年，朝鲜总督南次郎（1874 ~ 1955）提出"内鲜一体"，

---

① 自由招募：各企业招募工人的形式。实际操作中是按地方分摊需要动员的工人数量，由业主的代理人与地方的官衙共同从农村将朝鲜人作为劳动力带往日本。

将参拜神社[1]和遥拜宫城规定为朝鲜人义务，在学校则要求拜读教育敕语、悬挂太阳旗，强制性地要求念诵“皇国臣民之誓词”，灌输作为日本人的意识。

1938 年 3 月，日本修改了朝鲜教育令（第三次朝鲜教育令），将那之前作为正规课程的朝鲜语改为选修课，实质上是废止了教育一线的朝鲜语教育，强行要求日常使用日本语。同年 7 月，成立了国民精神总动员朝鲜联盟，在彻底贯彻皇民化政策的同时，对人们的生活进行统一管理。

进而，朝鲜总督府作为皇民化政策的重要一环，于翌年 11 月修改了朝鲜民事令，规定废止朝鲜式的姓名，要求朝鲜人创立自己的姓，以日本式的姓名命名。这就是创氏改名（1940 年 2 月 11 日施行）。

朝鲜总督府认为，创氏改名是按照朝鲜人的希望而实施的，并不是强制采用日本式的姓名，而是打开了使变更为日本式的姓名成为可能之路。

但是，到 4 月时创氏改名的登记数量仅为整个户数的 3.9% 左右（水野直树“关于《创氏改名》的实施过程”，《朝鲜史研究会会报》154 号，2004 年）。为此，朝鲜总督府通过法律的修订、名人的利用、公权力的强制等措施，到截止日 8 月 10 日，将登记的比例提高到了 80.3%。未进行创氏改名的，则会通过地方行政机关进行强制要求或通过基层官吏进行骚扰。虽然总督府宣称通过创氏改名完成了内鲜

---

① 参拜神社：朝鲜的神社在最初是为迁入朝鲜殖民地的日本人而建造的。以 1925 年在首尔的南山建立朝鲜神宫为始，根据 1936 年神社制度的修改，采取了要求所有的町、村都建有神社的措施。

一体，但是，户籍为朝鲜的朝鲜人不能将户籍迁往日本，而日本人也不能将户籍迁往朝鲜。

另外，1940年8月作为朝鲜人的报道媒体而被承认的“东亚日报”、“朝鲜日报”等新闻、杂志都被迫停刊。

朝鲜人虽然也开展了针对参拜神社等的皇民化政策的反对运动，但反对参拜神社的基督教系统的学校被停办，1938年反对参拜神社的朱基彻牧师被逮捕，接着数量众多的牧师、信徒等被抓，教会也被关闭。另外，1942年10月，作为学术团体从事着朝鲜语辞典编纂事业的“朝鲜语学会”，被判定为独立运动团体，学会的中心成员33人被拘留。这就是所谓的“朝鲜语学会事件”。被逮捕的16人中，李允宰、韩澄二人死于狱中，李克鲁等8人被判有罪而服刑。

另一方面，日中战争陷入胶着状态，受到欧美经济封锁的影响，战争的维持已经开始变得困难的日本，将战线扩大到资源丰富的东南亚。1940年9月，日本与德国、意大利结成“日德意三国同盟”，1941年日本奇袭夏威夷珍珠港，开始了太平洋战争。

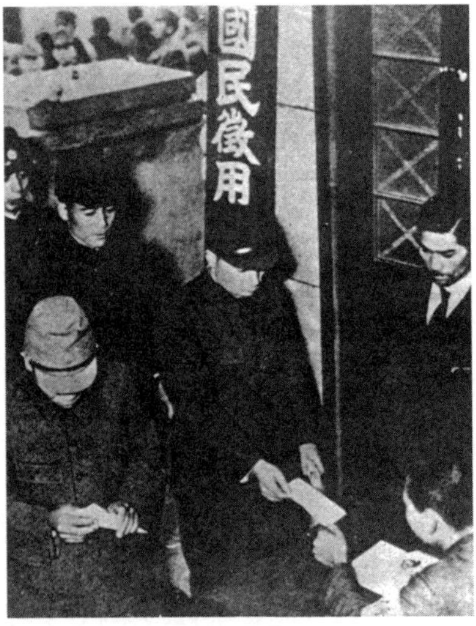

对国民的征用

在日本国内，从1941年开始了米谷的配给制度。“一滴汽油就是一滴血，一片铁就是一片肉”，为了尽可能多地向战场输送弹药、武器，女子的装饰品自不待言，从家庭使用的日常用具到寺院的佛像等都被作为金属给贡献出来。

大韩民国临时政府议政院的要员们

为了补充日本国内的劳动力不足，从 1942 年起，朝鲜人劳工的招募方法转变为通过朝鲜总督府和各地方官署的官方斡旋，1944 年 2 月朝鲜半岛与日本一样适用了征用令。

1943 年 12 月，为了确保兵力，使用学生出战，学生被强制编入到军队之中，与此同时，朝鲜国内以及在日本留学的朝鲜大学生、专科学校学生、高中生等也被强制要求上战场；之前朝鲜人组成的军队属于志愿制度（1938 年），在 1944 年则被强化为征兵制度，大量朝鲜人被送上战场。

大韩民国临时政府的成立

1919 年 3 月，“三・一”独立运动爆发之后，在国内外，建立代表民族的政府的动向趋于活跃。“三・一”独立运动起初就源于在同年 1 月的巴黎和会上表达独立的诉求，而为选出国际法上有效的代表，也急需建立临时政府。当时的政府，有在上海建立的大韩民国临时政府、在俄国建立的大韩国民议会政府、满洲的高丽临时共和国，在国内则有以天道教为中心的大韩民间政府、朝鲜民国临时政府、新韩民国临时政府、汉城临时政府等。

其中，上海、俄国、首尔所组建的“政府”，在上海进行集结，于1919年4月11日建立了大韩民国临时政府。

李承晚

临时政府确立了以右派李承晚[①]（1875 ~ 1965）为总统，以左派的李东辉为国务总理的新内阁。内阁官署是在孙文的心腹杜月笙帮助下确定在法租界。临时政府获得了中国、法国、波兰的承认，展开了外交、宣传活动。

在外交方面，其向巴黎和会、国际联盟等诉求独立，并进行向各种国际会议派遣代表团等的活动。

在美国，以李承晚为中心的欧美委员会通过与美国国务院相关者的接触，诉说朝鲜的立场。另外，在上海设立了陆军武官学校，培养军人，派遣到中国东北三省；在李东宁（1869 ~ 1940）的指挥下，创刊了机关报《独立新闻》，并散发到朝鲜国内。

但是，1923年，临时政府的活动停滞了下来，最大原因是临时政府内部的对立。

提出独立战争论的李东辉等，主张将临时政府的据点转移到中国的间岛和俄国的沿海州地区。其主张的依据是，在当地（间岛或

① 李承晚：独立运动家，政治家。在美国从事独立运动，担任大韩民国临时政府总统。1948年就任韩国首任总统。此后为长期执政，进行了舞弊选举，1960年因“四·一九”学生革命而下野，并流亡到夏威夷。

沿海州）有大量的同志居住，还有许多独立运动团体或抗日武装队伍活动，迁移到该处，可对独立运动势力进行统一的实战性的指导。但是，李承晚等外交独立论者对此进行了强烈的反对。立足于外交论的李承晚认为，国际都市上海对于开展外交活动既方便又安全。

结果，李承晚等的主张得到了贯彻，而其间的对立则导致了国民代表大会的分裂以及 1925 年李承晚被弹劾免职。由于上述内部对立，被派往巴黎和会的金奎植被拒绝参加正式会议，正式发言也被禁止。另外，李承晚和徐载弼还试图参加 1921 年召开的华盛顿会议，也被拒绝。

李承晚下台后，金九[①]（1876－1949）领导了临时政府，新的临时政府为避免日本的镇压，处于反复转移过程中。从 1932 年开始辗转于中国国内各地达到 109 个地方，到了 1940 年才终于稳定于重庆。迁移到重庆的临时政府，在金九的指挥下，创建了作为国家军队的光复军，在 1941 年太平洋战争爆发之际对日本宣战。

金九

1943 年光复军应联合国军的要求将士官派往印度、缅甸前线，1945 年还计划进行对朝鲜进攻作战，但未能实现。另外，金九的临时政府向中国、美国、英国、苏联提

① 金九：独立运动家、政治家。参与了上海临时政府的建立，1928 年组建了韩国独立党，指挥了尹奉吉等的义举。1926 年担当国务领，1944 年被选举为临时政府主席。解放后，反对信托统治和南韩单独大选，提倡南北谈判。1949 年被暗杀。

解放后，被从西大门刑务所与麻浦刑务所释放的人们

出了承认临时政府的要求，1944 年法国、波兰、苏联对其给予了承认。临时政府设置了外交研究委员会，为独立进行了不懈的努力。1943 年开罗会议上，朝鲜的独立问题获得了正式承认，其后因日本接受了反映了该内容的《波茨坦宣言》，朝鲜于 1945 年 8 月 15 日从日本殖民统治中解放出来。

第7章 从解放到南北分裂、再到迈向新时代

概要

1945 年 8 月 15 日朝鲜被从日本的殖民统治中解放出来。在迎来解放的同时，在首尔，朝鲜建国准备委员会被组建起来，在美军进驻之前，宣布成立“朝鲜人民共和国”。另一方面，在北方，1945 年 8 月 24 日，为解除日军武装，苏军进军平壤，9 月 8 日，美军在仁川登陆，对南朝鲜实行军政统治。这样，朝鲜半岛以三八线为界，分裂为南北两部分。另外，美军政厅命令解散“朝鲜人民共和国”，结果，“朝鲜人民共和国”解体。

1945 年 12 月，美、英、苏三国外长会议在莫斯科举行，第一次对朝鲜独立问题进行了具体讨论。但是，当决定对朝鲜实行信托政治时，朝鲜发生了反对信托统治的运动，南北方围绕信托统治发生对立。美苏间为建立临时政府所进行的交涉也难以取得进展，而吕运亨等人所主张的左右合作方案、金九等人主张的南北对话方案也与李承晚的单独选举路线发生对立，无法看到出路。最终，1948 年 2 月美国将朝鲜独立问题提交到联合国议程，1948 年 8 月在南方通过单独选举建立了以李承晚为总统的大韩民国，9 月在北方建立了以金日成为主席的朝鲜民主主义人民共和国（北朝鲜）。这样，南北分裂被固定化，南北对立形成。

1950年北朝鲜试图以武力实现统一，朝鲜战争爆发。持续三年的战争，造成了大量的生命损失，并使国土焦土化。虽然战争于1953年停战，但由于战争的惨祸，南北不和与对立达到极点。停战协议缔结之后，在韩国，李承晚的独裁政权走到尽头，1960年的以学生、市民为中心的"四·一九"革命迫使李承晚总统亡命夏威夷。李承晚下台后，在以尹潽善（1897 ~ 1990）为总统、张勉（1899 ~ 1966）为国务总理的议院内阁制下，确立了新的政治体制。

不过，李承晚政权垮台后，因进步势力的抬头等，社会形势的混乱加深。1961年5月16日，对上述社会状况感到不安的朴正熙（1917 ~ 1979）等人发动政变，掌握了实权，进而，朴正熙于1963年当选为总统。朴正熙以经济复兴与消灭贫困为目标，从1962年起，制定了经济开发五年计划，并大力推进，实现了被称之为"汉江奇迹"的经济发展。1965年与日本缔结了日韩基本条约，与日本建立了邦交。

1969年朴正熙废掉了总统不得连续三任的公约，让国会通过了使得连续三任成为可能的宪法修正案，在1971年的总统选举中参加竞选并获得险胜。当在野党和在野势力的反对变得激烈时，朴正熙宣布处于非常事态，在解散国会的同时，禁止政党活动，于1972年通过了"维新宪法"。朴正熙被选举为总统，确立了维新体制，对民主化运动进行了镇压。但是，从1970年代后半期开始，民主化运动激烈程度增加，1979年朴正熙被其亲信开枪射杀，朴正熙独裁政权谢幕。朴正熙死后，崔圭夏（1919 ~ 2006）代行总统权限（后被选为总统），同时，被称为“首尔之春”的民主化运动呈现出高涨的态势。但是，对此感到危机的陆军少将全斗焕等人于 1979 年 12 月发动肃军政变，掌握了军队内部的权力，1980 年 5 月将戒严令扩大到全国，解散了国会和政党，再度开始强权政治。翌年 8 月全斗焕（1931 ~ ）在间接选举中被选举为总统。全斗焕政权虽然尽力于经济发展，但是因为其对民主化运动采取了断然的态度进行应对，结果导致对民主化的要求日趋强烈。政权无法承受来自美国的压力以及市民要求，于 1987 年 6 月发表了“民主化宣言”，并进行了总统的直接选举。新当选的总统卢泰愚（1932 ~ ）成功中办了首尔奥运会，展开了与以苏联为首的共产圈之间建立邦交为内容的“北方外交”。

1993 年就任总统的金泳三（1927 ~ 2015）提出了文人政府的口号，对过去的军事政权追究责任，以不法敛财和阴谋内乱的罪名逮捕了上一任总统卢泰愚和原总统全斗焕。但是由于经济政策的失败，在其政权末期，导致了 IMF 货币危机。1998 年就任总统的金大中（1925 ~ 2009），作为经济复兴政策，致力于旅游文化产业，实行日本大众文化的开放，2002 年日韩共同成功举办了世界杯足球赛。进而，对北朝鲜采取了被称之为“阳光政策”的包容政策，2000 年进行了历史上首次南北首脑会谈，2003 年成为总统的卢武铉（1946 ~ 2009）承袭了金大中政权时期的对北朝鲜的宽大路线，但不得不去面对北朝鲜的核开发等难题。

从殖民地统治的解放与南北分裂

1945 年 8 月 15 日，日本投降，朝鲜从日本的殖民地统治中解放出来。翌日的首尔市内，回荡着解放与独立万岁的呼喊声，所有道路都被穿着白衣的人群所充满，人们手拉着手分享着解放的喜悦。

朝鲜总督府早早就知道了日本接受了《波茨坦宣言》的消息，为了避免战败的混乱而进行斡旋。政务总监远藤柳作（1886 ~ 1963）将当时作为独立运动家最受民众所信赖的吕运亨（1886 ~ 1947）于 8 月 15 日召唤到朝鲜总督府，要求协助维持治安以及保障日本人撤退时的生命与财产。

早在 1944 年就通过秘密结社建立了“建国同盟”的吕运亨，通过海外短波广播等已经确认了日本投降的消息，对于朝鲜总督府方面的要求，其以日本不干涉朝鲜建立新国家作为条件，给予了接受。

当天，以吕运亨为委员长的朝鲜建国准备委员会成立，该委员会作为以建立新国家为目的的政治组织，获得了民众的支持，其后直到美军政厅开始军政为止，一直担当着全国的治安维持与行政。8 月 23 日，得知为了解除日军武装，美苏将以三八线为界进驻[①]朝鲜半岛的消息之后，为了对美国进驻后的情况进行准备，9 月 6 日

---

① 美苏进驻与南北分断：根据 1945 年 2 月的雅尔塔协定，参加对日作战的苏军，将为解除日军武装而进军朝鲜半岛；以北纬 38 度线为界，南侧由美军分担，北侧由苏军分担，分别占领。美国因担心朝鲜半岛的共产化而向苏联提出了上述南北分断占领的方案。

召开了全国人民代表者大会，宣布成立作为全体人民意志集合体的“朝鲜人民共和国”。

选举原大韩民国临时政府的首任总统、在美国从事独立运动的李承晚为主席，选举吕运亨为副主席，选举建国准备委员会副委员长许宪为国务总理，选举大韩民国临时政府的金九主席为内务部长（9月14日发表组阁时，许宪为临时代理）。但是，朝鲜人民共和国与海外活动的独立运动家间的合作并不充分，李承晚和金九回国后，拒绝就任。

9月8日，美军在仁川登陆，受理日军投降，立即在南朝鲜设立了美军政厅（苏联军队于8月24日进军平壤，设置司令部，11月19日设置了北朝鲜五道行政局作为北朝鲜方面的行政机关）。

美军政厅设立后，保守派的重要人物宋镇禹（1890 ~ 1945）与金性洙一起组建了韩国民主党，主张“大韩民国临时政府”才是正统的政府，同时，散布诽谤左派吕运亨以及朝鲜建国准备委员会的信息以取悦美军政厅，而美军政厅对左派主导的朝鲜建国准备委员会也保持着警惕之心。军政长官阿诺德少将于1945年10月10日宣布说“军政厅是南朝鲜唯一政府”，命令“朝鲜人民共和国”解散，并加以镇压。进而，苏联为支持金日成[①]（1912 ~ 1994）在北朝鲜建

---

① 金日成：政治家、朝鲜民主主义人民共和国（北朝鲜）建立后的最高领导者。1930年代领导了中国东北地区东部的抗日斗争，成为抗日游击队的英雄。解放后，与苏军一起进入平壤，担任北朝鲜临时人民委员会委员长，1948年9月朝鲜民主主义人民共和国成立时，就任首相。分别于1953年和1956年清洗了朴宪永等人的南朝鲜劳动党等的国内派、崔昌益等的延安派，掌握了朝鲜劳动党和政府的主导权。1950年代确立了社会主义体制，1960年代末建立了金日成独裁体制。从1972年到其去世的1994年7月，担任国家主席。

立苏联主导的共产党政权，对“朝鲜人民共和国”的建立也进行了否认。美苏对朝鲜人立即建立国家政权持否定态度，其当前希望的是推进信托统治[①]。这样，朝鲜人自己建立国家的道路被切断，事态向南北分裂方向急剧恶化。

1945 年 12 月 16 日，美国、英国、苏联三国外长会议在莫斯科举行，12 月 27 日，三国外长所达成的“莫斯科协定”宣布对朝鲜进行信托统治。原本相信能够立刻独立的朝鲜人的愤怒达到了极点，反对信托统治（反托管）运动扩展到朝鲜全境。

对于朝鲜没有任何了解的美军政厅，为了在进驻后施行军政，打算利用朝鲜总督府的行政机构和亲日派人士，因此，在北朝鲜方面被处罚的亲日派人士，在南朝鲜方面则被免去了定罪。不久，他们攀附于美军政厅担任要职，并在李承晚政权成立之时在新权力机构中确立了其地位。

在反对信托统治运动开展之际的 1946 年 1 月，受到苏联支持的北朝鲜的政党、社会团体突然明确了赞成信托统治的立场，并在北朝鲜展开了支持信托统治（赞成托管）的运动。这样，信托统治问题就成为左右两派对立的原因。

3 月，为了建立临时政府，美苏共同委员会会议在首尔召开，但在临时政府的建立问题上，围绕着让哪个政党或社会团体参加发

---

① 信托统治：1943 年《开罗宣言》中关于朝鲜独立问题，解释为朝鲜民众在日本军撤出朝鲜半岛时，可立即独立。但是，签订《开罗宣言》的美国、英国、中国认为“朝鲜的独立，不久即将到来，但要经过信托统治之后”。美国认为信托统治时期应该在 20 ~ 30 年，最终苏联所主张的短时期信托统治观点被接受，信托统治被定为五年。

生对立，美苏共同委员会决裂。在此背景下，吕运亨和金奎植提倡“左右合作运动”，开始努力建立临时政府。但是，无论是右派的韩国民主党还是左派的朝鲜共产党（1945 年 9 月 11 日，朴宪永重建）对此都不予呼应，1947 年 7 月吕运亨为恐怖活动者所暗杀，“左右合作运动”失败。

由于该“左右合作运动”的失败以及进入 1946 年以来美军政厅对共产主义者的镇压的加强，在南朝鲜，李承晚、金九等右派民族主义者的影响变大。李承晚在反对信托统治的同时，主张建立南朝鲜方面的单独政府。

不久，第二次召开的美苏共同委员会会议，因双方一心追求彼此的政治利益而陷入争吵之中，临时政府的建立变得毫无头绪，因此美国终止“莫斯科协定”，将朝鲜问题提交到了联合国。1948 年 2 月，在南朝鲜实施大选以建立政府的方案被联合国大会决议通过。但是，由于北朝鲜对实施大选的反对，该方案实际上陷入无法实行的状态。反对单独选举的金九和金奎植，向金日成等呼吁召开南北领导者会议。金九等所提出的“分裂国家无效，应该通过协商建设民族统一国家”的意见开始获得民

大韩民国政府成立仪式

心，与李承晚的建立单独政府的路线发生对立（金九于 1949 年 6 月被李承晚派暗杀后，李承晚展开了以武力打倒北方政权的北伐论主张）。

1948 年 4 月为反对单独选举，济州岛发生了反政府斗争（“四·三”暴动[①]），美军政厅派遣国防警备队进行镇压。最终，在 5 月 10 日进行了南朝鲜单独选举，选举出国会议员，在宪法公布后，李承晚被选举为首任总统。1948 年 8 月 15 日，大韩民国政府成立，历时 3 年的美国军政结束。另一方面，在北朝鲜，在苏联的支援下，组成了北朝鲜人民委员会，建立了共产主义政权，1948 年 9 月 9 日，朝鲜民主主义人民共和国成立。

南北对立与朝鲜战争

这样，在朝鲜半岛分别诞生了南方的大韩民国（韩国）和北方的朝鲜民主主义人民共和国（以下称北朝鲜）两个国家。在南北分别建立了各自政府的朝鲜半岛的形势日益紧张，两个政府分别在美

---

① 济州岛“四·三”暴动：在反对南朝鲜方面单独选举的济州岛，警察、右翼团体针对岛民的无区分的恐怖屠杀事件频发。对此，1948 年 4 月 3 日岛民进行了武装暴动。暴动的岛民占领警察署，释放了政治犯。对西北青年会等右翼分子进行了清洗，完全阻止了翌年的单独选举（只有济州岛于 1949 年 5 月 10 日进行再次选举）。针对暴动，国防警备队以及右翼团体被大量派到济州岛。暴动发展为汉拏山山麓的游击斗争。警备队等与岛民间进行了持续七年多的斗争。八万名岛民牺牲。与该暴动相关联，还发生了“丽水、顺天叛乱事件”，即 1948 年 10 月被决定派遣到济州岛镇压游击队的国防警备队第 14 团全团在全罗南道丽水、顺天发动了叛乱。李承晚政权发布了戒严令，韩国军和美军对两市进行了镇压，叛乱军转入智异山进行游击斗争。直到 1957 年被镇压。

苏支援下强化着各自的军事力量。苏美两国军队从朝鲜半岛撤回之后（1948 年底前苏军撤回，1949 年 6 月美军也撤回），南北对立更加激烈，出现了革命家们往返于南北，并在韩国南部展开游击活动的情况。

在上述不安状态持续过程中，1950 年 6 月 25 日北朝鲜军展开大举进攻，朝鲜战争[①] 爆发。双方交战的战线反复进退，同族间以血洗血的战争持续了三年零一个月。

战争初期，北朝鲜军队占据优势，开战第三天就占领了首尔，到 7 月末，北朝鲜军队进攻到釜山附近的洛东江。甚至导致韩国政府于 8 月 18 日迁都到釜山。另一方面，韩国遭到北朝鲜的进攻后，联合国安理会立即召开了会议，7 月，安理会通过派遣联合国军的决议案，决定派遣以美军为中心的联合国军。

9 月 15 日，联合国军在仁川登陆作战，战况突然改变。美军夺回了首尔，进而越过三八线，继续展开进攻。攻陷了平壤，10 月 26 日一部分部队到

朝鲜战争

① 朝鲜战争：在日本将这场战争称为“朝鲜战争”，但在韩国，则称之为“六·二五”动乱、“韩国战争”，在北朝鲜将之称为“祖国解放战争”，在中国则称之为“抗美援朝战争”。

达中国国境鸭绿江。但是，获得了中国志愿军参战支持的北朝鲜军进行了反击，1951 年 1 月 4 日，再次攻陷首尔。3 月，联合国军再次夺回首尔，两大势力以三八线为界，陷入胶着状态，最终，美国接受苏联的休战提议，以联合国军的代表为一方当事人，以北朝鲜和中国人民志愿军的代表为另一方当事人，缔结了停战协定。此后，朝鲜半岛南北方一直处于休战状态，直到今日。

在三年多的时间里，战争在朝鲜半岛全境展开。其悲惨情形非笔墨言词可以形容。牺牲者大约达到 200 万人，城市化为废墟。虐杀在进行，人们为了逃避战火东逃西窜，家庭骨肉分离。离散家庭有 1000 万人以上。

该战争不仅使南北分裂的现实无法打破，而且同族间的悲惨的战斗，夺走了人们的勇气与希望，社会陷入极端的不安之中。传统的价值观与道德观被丢弃，增加的只是相互间的不信任与憎恶。南北对立进一步增强，其关系更加复杂化。而利用这种对立，李承晚在韩国、金日成在北朝鲜各自强化了其自身的权力基础。

李承晚政权与“四·一九”革命

战争中，韩国修改了宪法，1952 年 8 月李承晚在直接选举中再次当选为总统。李承晚强化了反共独裁统治，1954 年 9 月其向国会提交了宪法修正案，内容为取消总统任期不得超过两届的禁令。在 11 月所举行的投票中，差一票未能达到修改宪法所必需的国会议员三分之二以上的得票数，结果，修正案被宣布否决。但是，到了翌日，执政党又推翻了前日的否决决定，将结果解释为通过。李承晚的理由是，计算通过所需议员数时所得出的议员数尾数可四舍五入，那么通过所必需的得票数可以减掉一票，由此强迫修正了宪法。1956 年 5 月，李承晚第三次当选了总统。

在 1956 年的选举中，在野党民主党推举了申翼熙（1892 ~ 1956）为总统候选人，推举了张勉[①]（1899 ~ 1966）为副总统候选人，以对抗李承晚政权。在即将选举时，申翼熙突然死亡，但在野党的张勉当选为副总统。总统对立候选人曹奉岩（1898 ~ 1959）也全力以赴，其后来提出了和平统一主张，组建进步党，为革新势力代言人。

由此感到了威胁的李承晚对进步党进行了镇压，以北方间谍嫌疑之名义逮捕了曹奉岩，并处以死刑。另外，为了强化反共体制，制定了国家保安法，停刊了反对政府的《京乡新闻》，加强了对批评势力的镇压，将政权当成了其私有物。这样，在李承晚政权下政治不正之风横行，警察权力腐败，社会不安越来越严重。

另外，战后经济复兴也被置于美国的统一管理之下，并非是意在促进韩国自主的经济复兴。按照 1955 年与美国缔结的“韩美剩余农产品协定”，美国的剩余农产品被输入到韩国以充军费，结果，韩国米价被控制到很低，棉花、大豆等农作物则受到很大打击。1950 年代，30% 以上的国家预算一直被充当军费，经济停滞，国民生活趋于贫困。

---

① 张勉：政治家。担任过 1948 年制宪国会议员、首任驻美大使、国务总理等职务。与申翼熙等组建民主党，1956 年的总统选举中当选副总统。四·一九学生革命后，担任国务总理。

1960年，迎来了第四任总统选举，李承晚为参加选举制定了前所未有的选举舞弊计划。在前一次选举中，即将选举时，对立候选人申翼熙死亡，李承晚政权勉强获得了延续。但此次，对于已经85岁高龄的李承晚来说，前次选举中那样的副总统由在野党阵营中被选出的事件，必须避免。为此，李承晚动员了大量的军人、警察、教师。选举结果，李承晚再次当选为总统，李起鹏（1896 ~ 1960）也以压倒性优势打败了在野党的张勉，当选副总统，但来自国民的斥其为不公正选举的批评高涨起来。

民主党也主张该次选举不法、结果无效，进而发生了声讨不公正选举的反政府示威。其中，以高中生和大学生为中心的抗议尤为激烈，4月11日，在示威中遭到催泪弹射击而死亡的高中生遗体在庆尚南道马山被发现后，示威更加激烈化。但是，李承晚政权既未积极去理解事态的急迫性，而且也缺乏改善事态的态度。4月15日，李承晚发表谈话称，马山的示威是共产主义者煽动的结果。但是，这等于对参加示威学生之愤怒火上浇油。

4月19日，数万大学生和高中生参加了示威，包围了总统官邸，警察向示威队伍开枪，导致示威向全国扩散。在釜山、大邱、光州、仁川、木浦、清州等主要城市，均出现了由数千名学生和市民参加的示威游行。仅在首尔，就死亡了130人，并出现了1000人以上的负伤者。在主要城市，政府宣布了非常戒严令，事态日趋严重化。

4月25日259名大学教授发出时局宣言书，要求李承晚总统、国会议员、大法官（最高法官）辞职，并在首尔市内游行，翌日，市民也加入到要求总统下台的学生们的大规模示威之中，首尔市内一片混乱。

最终，李承晚未能战胜市民们提出的下台要求，于 4 月 27 日辞去了总统一职，流亡夏威夷。

迫使李承晚下台的学生们的活动，被称为“四·一九”革命、“四月革命”或“四·一九”义举。这是与李承晚政权相对抗的反政府势力所进行的革命尝试，但该运动并没有革命后的具体政权构想，所以，政权被作为既存的政治势力的在野党民主党掌握。

“五·一六”军事政变

继因“四·一九”革命流亡的李承晚总统之后，在议院内阁制下，民主党的旧代表尹潽善[①]当选总统，首相则由民主党的张勉就任。尹潽善·张勉政权[②]时期，首相张勉致力于经济的重建，但是

---

① 尹潽善：政治家。李承晚政权因“四·一九”学生革命倒台后，在总统选举中，作为民主党的候选人参加竞选，当选为第四任总统。因“五·一六”军事政变于 1962 年辞职。1963 年建立民政党，同年参选总统，与朴正熙展开竞争，但失败。

② 尹潽善·张勉政权：这一时期的韩国属于第二共和国政体，其对李承晚政权时期的总统独裁进行反省，采取了议院内阁制，实际上的政权并不是由总统，而是由首相掌握。

韩国的政体：在韩国，数次修改宪法，以此为依据，政体也发生着变化。第一共和国：1948 年 8 月 15 日～1960 年 4 月 19 日；第二共和国：1960 年 8 月 12 日～1961 年 5 月 16 日；国家重建最高会议：1961 年 5 月 16 日～1963 年 12 月 16 日；第三共和国：1963 年 12 月 17 日～1972 年 10 月 16 日；第四共和国（维新体制）：1972 年 12 月 27 日～1981 年 3 月 2 日；第五共和国：1981 年 3 月 3 日～1988 年 2 月 24 日；第六共和国：1988 年 2 月 25 日～现在。

“五·一六”军事政变中掌握了实权的朴正熙

美国的经济援助被削减，韩国经济日趋恶化，国民挣扎于贫困状态中。在这样的状况下，推翻了李承晚政权的学生、进步势力的活动变得活跃，在全国连续发生示威活动。进而，一些人将摆脱生活困苦的希望寄托于民族统一。首尔大学的民族统一联盟的学生们以“到北方去，到南方来，在板门店相会”为口号，提出进行南北学生会谈，北方学生对此也表示赞同，统一运动一下子开始呈现出加速的态势。

对完全未能好转的经济状况以及逐渐加强的左派倾向感到不满的年轻将校军官们，于 1961 年 5 月 16 日断然实行了政变——“五·一六”军事政变。第二军副司令官朴正熙少将所率 250 余名少尉以上军官以 3500 人的兵力，占领了首都首尔的主要机关，掌握了国家权力。

该政变获得美国政府、韩国军方的默契，朴正熙[①]（1917 ~

① 朴正熙：政治家。于 1961 年 5 月 16 日发动“五·一六”军事政变，掌握了政权。1963 年就任第五任总统。与日本缔结日韩基本条约，推进了韩国经济成长。1967 年再次当选后，为了长期执政，使国会通过了宪法修正案，断然实行了独裁政治。1979 年被中央情报部长金载圭枪击而死。

1979）在 1962 年尹潽善总统辞职的同时开始代行总统权限，并于翌年就任韩国第五任总统。朴正熙政权提出经济重建、肃清腐败等内容的革命公约；为了控制高涨起来的统一运动，制定了“反共法”。进而，加强了“国家保安法”，将南北统一论的主张以及对军事政权的批判等视为反国家行为，予以严厉惩罚。

另外，为了重建经济，坚决采取没收不法之财，清理农民、渔民债务，货币改革等措施；为了实现工业化，制定了“经济开发计划”；进而，为了改革国民意识，实施了生活节俭化、家庭计划以及消除文盲运动等。

日韩邦交正常化与向越南派兵

朴正熙政权在强化与日美的安保合作体制的同时，倾力发展经济。在与日本的以建立邦交为目的的交涉过程中，与过去的清算问题相比，其将重点放在了确保经济发展所需资金方向上，就是这个原因。

1962 年 11 月，韩国中央情报部长金钟泌（1962 ~）与日本外相大平正芳在东京举行秘密会谈，以日本无偿经济援助 3 亿美元，提供政府借款 2 亿美元为条件，对之前难以取得进展的对日请求权问题给予了事实上的解决，1965 年 6 月日韩基本条约[①] 在日本签署，

① 日韩基本条约：该条约包括有“关于请求权及经济合作的协定”“关于在日韩国人的法律地位及待遇的协定”“关于渔业的协定”“关于文物及文化合作的协定”等 4 个协定。通过该条约的缔结，在渔业协定中，两国设定沿岸 12 海里的渔业水域，为了保障渔业资源的可持续生产性，设定了两国共同管理水域；而“关于在日韩国人的法律地位及待遇的协定”，则打开了在日韩国人获得日本永住权的道路。

实现了韩日邦交正常化。

但是，直到签署为止的过程中，韩国反对缔结日韩基本条约的舆论兴起，示威频发，媒体也对反对运动给予了支持。反对运动成为“四·一九”革命以来的大动向。1964 年 6 月 3 日，首尔市内发生了学生们的大规模示威，甚至提出了政权下台的要求。政府以非常戒严令和停课令对反对运动进行压制，进而为了管制言论制定了“言论伦理委员会法”，以可以中止新闻的发行来施加压力。但是，对于上述政府方面的动向，来自执政党的批评也高涨起来，结果以媒体自我管制为前提，暂缓了言论伦理委员会法的实施，日韩条约反对运动停息。

根据日韩基本条约所提供的五亿美元的对日请求权资金，对韩国的经济发展作出了贡献。但是，其与东南亚诸国所接受的“赔偿”在性质上是不同的，因为基本条约缔结过程中，日本并没有对殖民统治正式谢罪，所以，并没有获得韩国的国民感情和舆论的理解。

另一方面，朴正熙政权应美国的要求，从 1965 年开始向越南派兵。在越南战争的进行陷入困难时，美国向自由主义阵营诸国提出了派兵请求，从韩国政府立场而言，考虑到朝鲜战争时美国的支援，其无法拒绝美国的要求。于是，从韩国军队中派出了猛虎部队和青龙部队等五万余人赴越南。该数量在规模上仅次于美国的兵力，到 1973 年撤兵时为止，韩国累计派兵人数达到 34 万人。韩国作为派兵的代价，得到了美国支持韩国军队现代化、对所派遣的士兵的补偿金、提供经济开发所必要的贷款等承诺，韩国通过参加越南的建设事业等特需获得了外汇。1965 年到 1972 年，越南战争特需达到

10.2 亿万美元。通过日韩基本条约缔结所带来的五亿美元以及上述越战特需，韩国巩固了工业化的基础。不过，向越南派兵也给越南人带来巨大伤害，而归国的韩国士兵中也出现了枯叶剂后遗症者和精神障碍患者。

经济发展与“汉江奇迹”

提出了以经济重建、肃清腐败等为内容的革命公约的朴正熙政权，继承和推进了张勉政权的经济开发计划和国土开发事业。即其实施了“经济开发五年计划”。依靠日韩基本条约的缔结以及越南派兵所获得的大量外汇，经济开发计划走上正轨，法律也得到完善，工业化的条件得到整顿。

朴正熙政权所选择的经济发展方法是，利用外国资本和国内廉价劳动力，积极培育出口产业。韩国经济经过第一个（1962 ~ 1966）和第二个（1967 ~ 1971）经济开发五年计划，取得了惊人的发展，被称之为“汉江奇迹”。通过该计划，年平均经济成长率达到两位数，出口增长到计划初期的 20 倍，国民收入增加到计划初期的 2 倍。1960 年出口额仅为 3000 万美元，到 1980 年，则爆发式地增加到 175 亿美元。人均国民生产总值也从 1960 年的 87 美元激增为 1979 年的 1500 美元。

1972 年开始的第三个五年计划，实行了重化学工业为中心的经济政策，钢铁、造船、机械、石油精炼、水泥等骨干产业的设备投资得到推进。1970 年代中期以后，重工业生产超过了轻工业生产，经济继续成长。1973 年石油危机爆发，但韩国利用之后所出现的中东建设热潮所获得的石油美元得以克服了危机。

另外，通过“新村运动”① 的推进，完成了农村、渔村的现代化；通过粮食增产计划，实现了粮食的自给。进而，以京釜高速道路（首尔—釜山）为首的高速道路网的建设，将全国纳入到一日生活圈。

但是，支撑着汉江奇迹所代表的经济成长的是忍耐着低工资和恶劣的劳动环境进行劳动的劳动者们。进入 1970 年代，经济急速成长所带来的不良影响逐渐开始表面化。劳资纠纷不断，在支撑着出口的纤维业等的中小企业中，劳动者的不满也高涨起来。1970 年，在首尔和平市场的缝制工厂劳动的青年工人金泰一，为诉求改善劳动环境，进行了自焚，给社会带来很大冲击，在全国范围内，工会被组织起来。翌年，因首尔的都市开发而被迫离开的住民们，围绕着作为新住址的广州团地的价格，与政府展开对立，事态甚至发展到发生五万人暴动的程度。

1971 年 4 月，朴正熙总统在第七任总统选举中作为民主共和党候选人参选而当选。在本次选举中，朴正熙与在野党候选人金大中展开了一番苦战。在国会议员选举中，在野党新民党也全力以赴，在城市其获得了比作为执政党的民主共和党超出很多的席位。这是国民对以经济为最优先的政策进行反对的体现。对此感受到危机的

---

① 新村运动：1970 年代所进行的以农村现代化、农家收入增大、农业生产力的扩大为目的的社会开发（创造新村）运动。

朴正熙总统，于1971年12月发布国家非常事态宣言，赋予总统对言论、经济活动进行管制的超法律的非常之大权。

南北共同声明与维新体制

南北合计付出了超过200万人牺牲者的朝鲜战争以来，南北持续对立，1968年发生了北朝鲜武装特工袭击青瓦台（总统官邸）事件、美国侦察船普韦布洛号被截获事件等，韩国对北朝鲜的戒备加强。

但是，进入1970年代，尼克松总统做出了在亚洲不投入地面部队的决定，并开始削减在亚洲的美国驻军。1971年中国在联合国大会上获得了联合国代表权，翌年，尼克松总统访问中国，中美关系好转。受上述亚洲紧张局势缓和潮流的影响，1970年8月15日朴正熙总统发表了包含有对北朝鲜缓和方针内容的“八·一五”宣言，进行了南北对话准备。

1971年，以寻找离散家庭成员为目的，南北红十字会举行了预备性会谈，翌年8月在首尔和平壤进行了红十字会正式会谈。与此同时，韩国中央情报部长李厚洛和北朝鲜第二副首相朴成哲进行了秘密互访，先于红十字会正式会谈。1972年7月4日，南北双方发表了强调“自主的、和平的、民族大团结”的统一的南北共同声明（“七·四”声明）。

不过，实际对话开始后，两国间持续相互指责，并且这时如后文所述，发生了金大中事件[①]和朴总统被狙击事件[②]（文世光事件），南北关系又返回到“七·四声明”之前的状态。

在南北之间相互指责的持续过程中，朴正熙总统为了加强国内管制，于1972年10月17日发布了非常戒严令。中止了现行宪法，解散了国会和政党。进而制定了以南北和平统一为目标的新宪法，同年12月，依照作为新宪法的《维新宪法》建立了《维新体制》。在维新宪法之下，为确保朴正熙被选举为总统，设置了“统一主体国民会议”，并赋予了总统以解散国会的权限以及能够随意停止部分宪法机能的超法律的紧急措施权。同时，又强化了保安法、反共法，对体制的反对势力和社会运动势力进行彻底的镇压。紧急措施的任意发布，使得社会运动和工人运动遭到压制，很多参加民主化运动的学生、知识分子、宗教人士、在野党政治家等被逮捕。1973年发生了朴正熙的最大政敌金大中被从日本东京绑架的金大中事件；1974年发生了200余名青年、学生被逮捕的民青学联事件。进而，1974年8月15日又发生了朴正熙总统被狙击事件，总统夫人陆英修中弹身亡。

在上述朴正熙政权的专制政治及其对其反抗的持续过程中，

---

① 金大中事件：指1973年8月8日在野党领导人金大中被从日本东京大皇宫饭店绑架的事件。韩国中央情报部参与该事件的嫌疑很大，日本政府向韩国政府进行了抗议，认为“主权被侵犯”。同年11月，金钟泌首相访日道歉，试图政治解决该事件。其后，成为总统的金大中发表谈话称不追究该事件责任。

② 朴总统被狙击事件：指1974年8月15日参加解放纪念庆典的朴正熙总统被在日韩国人青年文世光狙击事件。陆英修夫人中弹身亡。据韩国方面的调查，判明朝鲜总联参与该事件，但日本方面进行了否定，结果日韩关系恶化，日韩邦交面临断交危险。

1978 年 12 月所实施的选举中，在野党获得很大进步。进而，此时以美国为首的国际社会对朴正熙政权压制人权的批评也高涨起来，政权处于难以维持体制的状态中。翌年又连续发生了 YH 工会事件①、新民党总裁金泳三（1927 ~ 2015）被国会除名事件等大大动摇维新体制的事件。受此刺激，1979 年 10 月在釜山和马山发生了大规模的反政府示威，政府在釜山和马山行使非常戒严令和戍卫令。上述针对朴正熙政权的批判扩大的同时，在权力内部也产生矛盾，1979 年 10 月 26 日，中央情报部长金载圭开枪射杀了朴正熙。朴正熙总统的死亡，使得维新体制事实上降下了帷幕。

光州民主化抗争

维新体制瓦解后，从 1979 年末到 1980 年春，在韩国原来受到压制的民主化运动兴起，出现了被称之为“首尔之春”的民主氛围。要求废止维新宪法、解除管制的呼声高涨，学生示威、劳资纠纷频频发生。

另一方面，朴正熙总统被暗杀后，崔圭夏总理代行总统权限，宣布通过军队在除了济州道之外的全国范围内施行非常戒严令。12 月 6 日，崔圭夏当选总统。执行戒严任务的军方，在最初，曾宣布

---

① YH 工会事件：1979 年 8 月 11 日坚守在位于首尔麻浦区的新民党党部的 YH 贸易的女工们，被 1000 余名武装警察强行驱散的事件。武装警察闯入的目的是消灭新民党，被警察逼入绝境的女性工人（译者注：1 人）跳楼自杀。国会也对政府的行为进行了批判。

在政治上保持中立，会通过合法的程序将政权移交民间。但是，12月12日，保安司令全斗焕少将等新军部势力发动了政变，在赶走了陆军参谋总长等稳健派的同时，逮捕了国防部长，掌握了军部实权，谋求维系维新体制的存续。这就是肃军政变（在韩国称之为“一二・一二事态”）。

这样，追求民主化的市民与新军部势力之间的对立处于无法避免的状态。

对于民主化要求，新军部于1980年5月17日将非常戒严令扩大到全国，逮捕了学生运动领导者和金大中为首的主要民主化人士等，对民主化加以镇压。进而，5月18日为镇压被当做民主化运动据点的全罗南道光州市的示威，投入了空降部队。空降部队与示威学生发生冲突，出现了大量受伤者。该冲突即为光州民主化抗争的开端（“五・一八”民主化运动）。在日本被称为“光州事件”。

19日，被空降部队的镇压行为所激怒的学生和市民们与警察、军队反复发生冲突，示威激烈程度增加。报社、广播电视台、税务署、警察署等公共机关被袭击，在与戒严军之间的斗争中，学生、市民中也出现了大量牺牲者。民主化抗争一直持续到27日，数千名市民被逮捕，负伤者有2300人以上，死者有203人。光州市望月洞墓地埋葬着镇压过程中牺牲的市民的遗体。

虽然遭到武力镇压，但光州民主化运动成为1980年代民主化运动的出发点，民主化运动势力以光州发生的暴力镇压为依据，否定全斗焕政权的正当性，持续要求其下台。进而，军队所进行的镇压，被认为是在掌握着军队统帅权[①]的美军司令官的默许下进行的，由此出现了要求追究美国责任的动向。1982 年发生了学生进行的釜山美国文化中心纵火事件，1983 年和 1985 年又分别发生了大邱美国文化中心爆炸事件和首尔美国文化中心被占领事件等。

1980 年代中期，为纪念四月的“四 · 一九”革命、五月的“五 · 一八”光州民主化抗争，发生了激烈的学生示威。这些运动延续为 1987 年 6 月的“六 · 二九”民主化宣言，成为韩国民主化的原动力。

“六 · 二九”民主化宣言

发起肃军政变的全斗焕，在 1981 年 2 月的间接选举中当选第十二任总统。虽然全斗焕政权对民主化运动予以镇压，实质上继承了维新体制，但又采取了对朴正熙政权下所制定的“夜间禁止外出令的解除”“学校制服、头发限制”的缓和等等，缓和了日常生活的管制。在外交关系方面，其努力加强与新成立的美国里根政权、日本的中曾根政权间的关系。进而，在与名古屋竞争奥林匹克运动会主办权过程中使首尔获得成功等，展现了其对外关系的发展。在经济领域，在韩元、原油、原材料的“三低”的支撑下，物价安定，出口增加，1986 年贸易转为黑字，翌年经常收支黑字达到大约 100 亿美元。另外，因为政府对民间大企业进行积极支援，现代、三星、

---

① 韩国军的统帅权：朝鲜战争爆发时，李承晚总统向联合国军司令官麦克阿瑟将军致函“战斗状态持续期间，移交韩国军队一切指挥权”，“战时作战权”现在也仍然由美军掌握。

大宇、幸运金星（现在的 LG）等财阀企业获得急速成长。

但是，上述辉煌的经济发展背后，包括全斗焕总统亲属张玲子夫妻所进行的金额高达 7000 亿韩元的不正当票据欺诈事件、1983 年的明星集团非法融资事件、涉及总统之弟的新村疑案等等，与权力交织在一起的不法腐败、疑案再三发生，对政府的不信任情绪高涨起来。

1985 年初的国会议员选举中，在野党新韩民主党取得压倒性胜利，受此鼓励，学生、在野民主势力、在野党开始强烈要求实行总统直接选举制度。1987 年 1 月发生了进行民主化运动的首尔大学学生被刑囚致死的事件，对政权的抵制更加强烈。2 月召开了为追悼被刑囚致死的首尔大学学生的集会，这与要求民主化和修改宪法的运动结合在一起，民主化运动更加高涨起来。

增强了危机感的全斗焕，无视实行总统直接选举制的国民要求，于 1987 年 4 月宣布，将 1988 年的总统间接选举提前于年内进行。为反对年内间接选举，1987 年 6 月民主化运动扩散到全国，26 日在全国 22 个地方召开了国民集会，并举行了数十万人参加的国民和平大游行。

面对民主化运动的高涨，全斗焕政权试图通过强力镇压来维持政权。但这时，里根总统向全斗焕总统递交了亲笔信，要求温和地处理民主化运动。上述国内的民主化运动与来自国外的压力使得全斗焕政权不知如何进退，不得不接受“六・二九”民主化宣言。7 月 1 日，全斗焕总统宣布接受该宣言。所谓“六・二九民主化宣言”，是 1987 年 6 月 29 日民正党代表卢泰愚（1932 ～）为收拾民主化运动高涨的时局而发表的宣言，该宣言是以“通过总统直接选举和修改宪法来实现和平的政权移交”“赦免金大中、恢复其政治权利，释放政治犯”等为核心内容的宣言。

据此，10 月进行了宪法修正，规定总统为 5 年单任制，12 月，实行了被维新宪法所中断的总统直接选举。总统选举战在卢泰愚、金泳三、金大中、金钟泌四人间展开，最初被认为处于不利地位的军人出身的卢泰愚，因为在野党候选人的分裂而当选为第十三任韩国总统。

首尔奥运会与北方外交

因全斗焕政权时成功地获得了奥运会的举办权，第 24 次奥运会于 1988 年 9 月 17 日到 10 月 2 日在首尔召开。该次奥运会是自 1976 年蒙特利尔奥运会以来，相隔了 12 年之后出现的有东西方两大阵营国家参加的奥运会，来自 159 个国家和地区的 8465 人参加了大会，并成功地闭幕。

临近奥运会召开的 1986 年，发生了激烈的民主化运动等，政治不稳定的因素增多，但经过 1987 年 6 月的民主化宣言以及同年 12 月的总统选举，奥运会得以在卢泰愚政权下的政治安定时期召开，这也成为奥运会举办成功的原因。当时，与韩国尚未建交的中国和苏联参加了首尔奥运会，这对于与北朝鲜对峙的韩国来说，就成为巨大的外交得分。韩国的国际地位一下子提高起来，卢泰愚政权由此展开了与迄今为止没有外交关系的共产主义圈国家建立外交关系的“北方外交”。1989 年 2 月，韩国与匈牙利建立外交关系，1990 年 9 月与苏联建立了外交关系。

1990 年 9 月，北朝鲜的延亨默总理等率领的北朝鲜代表团访问首尔，翌年，南北朝鲜同时加入联合国。1992 年与中国建交，相隔 82 年后两国恢复正式关系。这样，卢泰愚政权通过成功举办首尔奥运会，创造了提升国力的契机。但是，政权交换后的金泳三政权时期，卢泰愚的高达数千亿韩元的总统秘密资金事件被揭开，1995 年 11 月卢泰愚与原全斗焕总统一起被逮捕、监禁，二审中被判有期徒刑 17 年和罚款 2628 亿韩元。

金泳三政权的诞生与历史清算

1992 年 12 月进行的第十四任总统选举，成为金泳三和金大中以及创立了现代财阀（译者注：韩国现代）的经济界人士郑周永[①]（1915 ~ 2001）间三足鼎立之战。结果金泳三以超过 40% 的得票超出金大中 50 万张选票当选。选举中败北的金大中宣布从政界引退，持续了 30 年的由两位金氏率领韩国民主化运动的“两金时代”降下了帷幕。

金泳三的当选，意味着自朴正熙以来持续了 30 年的军人出身总统的时代的终结、“文人”出身总统的时代的到来。为此，金泳三将

---

① 郑周永：现代集团的创始人。在第十四任总统选举中，作为统一国民党的总统候选人参加竞选。1998 年其将“统一之牛”500 头经板门店送到北朝鲜，引起注目。同年，作为南北民间交流事业，其成功进行了“金刚山旅游”项目。

自身政权规定为“文人政府”，以“创造新韩国”为口号，坚决实行了广范围的改革。从军队中驱逐了支撑着全斗焕政权的新军部势力，实行军队的民主化，改革了情报机关安全企划部。推行了公职人员申报财产的义务化，实施了金融实名制。

1994 年，恢复了在军事政权下被学校开除职务的全国教员工会的教师的职位，翌年，进行了地方自治选举，给政治民主化带来了希望。但是，对于金泳三政权来说，其面临的难关在于如何对曾经通过肃军政变夺取政权的新军部以及镇压光州民主化抗争的责任者进行处罚问题。

起初，检察机关决定不起诉全斗焕等新军部相关者。其理由是，“成功的政变不能处罚”。但是，1995 年 10 月，上一任总统卢泰愚的秘密资金暴露，检察机关在舆论的推动下，逮捕了上一任总统卢泰愚和原总统全斗焕。12 月，国会通过了“五・一八特别法”、“诉讼时效特例法”。其属于为了处罚作为过去的政变和镇压光州民主化抗争的责任者的前总统的溯及立法。1996 年 8 月，首尔地方法院判决全斗焕被告死刑，卢泰愚被告有期徒刑 22 年零 6 个月（二审中分别减刑为无期徒刑和有期徒刑 17 年）。在宪政史上，韩国国民首次目睹了曾经的总统并列坐在被告席上接受审判的样子，受到很大冲击，切实感受到了时代的潮流。让人产生“事必归正”（事物最终会回归应有的正路）的反应，但另一方面，也会让人对被告的权势和荣华的冲击性形象感到“震惊与痛心”。两名被告于 1997 年 12 月，即总统选举之后不久被特赦。

对上一任总统和原总统的逮捕、定罪是为回应社会舆论所要求的“清算过去”而进行的，明显是依据溯及立法进行的逮捕，是出于政治上的考虑。但是，在韩国，对此评价是在“清算历史”方面有一定的成果。因为在经历了李承晚政权时期对与日本殖民统治合作的“亲日派”的处分的失败以及经历了张勉政权时期对李承晚政权的清算的失败之后，在韩国，国民对“清算历史”的要求在提高。另外，作为清算过去历史的一个界限标志，1995 年作为日本殖民地时期象征的旧朝鲜总督府官衙被拆除。

但是，进行如此崭新的政治改革的金泳三总统本人，在其政权末期，也因其儿子介入与不正当参与国政、贪污事件等陷入政治危机，再加上 1997 年末因经济政策的失败所导致的外汇危机，最终在国民的批评声音中结束了任期。

金融危机与IMF的援助

1997 年末，发生了从根本上动摇韩国经济的经济危机。其发端于财阀企业的破产。1997 年 1 月，韩宝钢铁因巨额负债而破产。同年，除了韩宝之外，还有三美、真露、大农、裳邦尔、HAITAI 等十二家企业集团相继开出空头支票，银行出现巨额不良债权。因此，海外对韩国的信用降低，海外金融机构缩减融资、追加利息，再加上伴随着泰国泰铢大幅贬值，泰国经济破产并蔓延到韩国，韩元持续下跌。韩国政府为阻止韩元滑落而购买韩元，但缺乏外汇储备，于是 11 月向国际货币基金组织申请紧急援助贷款。

12 月末在 IMF 以及美国、日本的援助下，韩国经济开始恢复稳定，但是，韩国也因此面临了金融自由化、财阀改革、雇佣调整等课题。1998 年就任总统的金大中全面接受了来自 IMF 的改进要求，来自国际的对韩国经济的不信任和不安逐渐消除，经济危机较快地就向结束的方向转换，但生活必需品、进口商品价格上升，经济危机直接影响到了市民生活。在整个生活方面，节约被提倡，全体国民团结起来克服经济危机的社会舆论高涨起来。为了提高国家的黄金储备，政府向国民发出了贡献其所拥有的金制品的呼吁，金融机构则以时价对各个家庭所贡献的金制品进行收购。

另外，由于大企业的结构调整，出现了大量的被解雇者，与就业难相对应，中产阶层没落，收入差距扩大。伴随着国民的付出，韩国终于从经济危机中摆脱出来。1999 年下半年，韩国政府宣布克服了经济危机，2000 年韩国从国际货币基金组织的管理下脱离。

金大中政权的诞生

1997 年 12 月第十五任总统选举中在野党候选人金大中，以微弱优势战胜执政党候选人李会昌当选总统。在选举战中，全国选民紧张地屏息关注着仅仅百分之几的得票率之差异，监视着开票。自 1967 年的总统选举以来，金大中已经是第四次参加总统选举。在其当选时，在作为其势力范围的光州，光州民主化抗争（光州事件）的象征性场所全罗南道道政府前聚集了数百名市民，连呼“金大中”。

在就职宣言中金大中总统明确了其目标在于建立“国民的政府”，其在克服当前所面临的经济危机的同时，提出了称之为“阳光政策”的和睦政策，以试图改善南北关系。

其在推进包括设置以调查清楚历代政权对人权的镇压为目的的“可疑死亡真相调查委员会”、制定关于对民主化运动相关者恢复名誉以及进行补偿的法律、制定国民基础生活法、新设立妇女部等重视人权的革新政策的同时，致力于信息通信产业的培育和发展。另外，在就任总统的1998年访问了日本，与日本制定了“为建立面向二十一世纪的新型友好合作关系的行动计划”，分阶段开放在那之前一直被禁止的日本大众文化。上述改善日韩关系的努力，与日韩共同举办世界杯活动相辉映，开辟了日韩关系的新时代。

2000年6月，其作为韩国总统首次访问北朝鲜，实现了历史上首次南北首脑会谈。金大中因此成为韩国历史上首位诺贝尔和平奖获得者。但是，在其任期末，其儿子和亲信的不法事件被揭露，再加上南北首脑会谈之际其未经过国民的同意就向北朝鲜提供金钱一事也被曝光，金大中因此受到批评。因其政权属于执政党在议会议席未过半数的政权，所以，其改革迟迟不能取得进展，再加上在克服经济危机过程中发生了贫富差距扩大的情况以及在消除地域间感情对立方面失败等等，其改革的课题只能遗留给未来了。

世界杯的主办与日本大众文化的开放

2002年召开的第十七届世界杯足球赛是由日韩共同举办的。这次大会是进入二十一世纪以后的首次，也是在亚洲的首次，还是首次由两个国家来举办，是一个没有先例的大会。

确定日韩共同举办之后，该大会就被期待成为日韩友好的象征；而世界杯的共同主办，也昭示了韩国和日本能够克服长期的不和与敌对并进行两国的合作[①]。

在该次大会上，韩国战胜了意大利和西班牙，取得跃进，获得了世人的注目；在韩国队作为亚洲队首次进入半决赛后，整个韩国进入狂热之中。在韩国全境，穿着红色T恤的被称之为“赤色恶魔”的韩国队支持者齐心合力不断进行着热烈的助威。韩国在半决赛中败给德国队之后，在争夺三、四位的比赛中败给土耳其，止于第四位。

这次世界杯的成功，改变了在那之前日本人所拥有的对韩国的印象。同时，其宣告了日韩新时代的开幕，成为韩流热潮的诱因，此外，其还成为韩国转向对日本大众文化开放[②]的重要原因。

金大中政权在将电影、动画等文化产业的培育当成克服经济危机的手段的同时，如前所述，制定了“为建立面向二十一世纪的新

---

① 共同举办所面临的诸多问题：在决定共同举办之初，日韩两国就因大会称呼问题等发生对立。其背景是，韩国想通过世界杯赛向世界证明韩国国家的发展，其间包含着与日本进行比较并取得优势的韩国的对抗意识。此次大会，北朝鲜没有参加，但并没有反对在韩国举办世界杯赛。不过在开赛过程中，在黄海发生了北朝鲜与韩国的海军军舰交火事件。这样，日韩共同举办大赛，成为一窥韩国民族意识的高涨、在南北对立的现实中对南北统一的探索、日韩关系与两国国民的感情的复杂性的场所。

② 日本大众文化的开放：在韩国，以“违背国民感情”为由，从李承晚时期开始，日本的大众文化就被禁止，在正式场合或公共播放中，日本的电影、电视剧、音乐等被禁止。因此，即使日本歌手访问韩国，也不允许以日本语唱歌。不过，实际上在部分地区通过地上波电视节目、卫星电视节目、杂志、互联网、进口CD、盗版等，日本的大众文化已经传入韩国。

型友好合作关系的行动计划”，以促进来自日本的投资。作为其一个环节，其下决心对日本大众文化开放。

日本大众文化开放之后不久，在韩国，日本电影吸引了大量的关心，一部分电影博得了人气，掀起日本文化热潮。现在，伴随着互联网的普及，管制几乎没什么影响，韩国人直接就能够接触到日本的大众文化。虽然还未达到所有的日本播放都能自由试听的状态，但在动画、游戏、漫画、流行歌曲等领域，日本的大众文化博得了大量人气。这样的日本文化，在韩国被称作“日流”。

1990 年代末，韩国文化被输出到亚洲各国。从韩国输出的大众文化一般被称为“韩流”。该用语在华语圈被使用，并被反过来传入韩国，在韩国也扎根下来。在东南亚，以 2000 年前后韩国企业的进入为背景，在泰国、菲律宾、越南等地，韩国的电视剧被播放，获得了好评。另外，在华语圈，韩国电视剧也博得了人气（由于进口价格便宜等原因，在北京、上海，在韩流出现之前，韩国电视剧就被输入并播放）。

由于中国和韩国的邦交正常化与经济关系的发展，韩国电视剧逐渐在中国获得人气。特别是 2004 年历史电视剧《大长今》在台湾、2005 年在香港放映之后，在中国大陆本土也获得了人气，再次掀起了韩流热。

日本的韩流热潮要晚于东南亚和中国，其是在 2002 年世界杯共同主办之后，始于日本 NHK 播放韩国电视剧《冬季恋歌》的 2003 年。另外，与世界杯举办的同时，从 2002 年，韩国歌手进入到日本，从 2004 年开始被称为 K-POP 的音乐流派在日本也开始被认知。

关于这样的韩流热潮，一种肯定性的意见认为，其消除了日韩国民感情的对立或偏见，对日韩友好做出了贡献，但也有一种否定性的看法认为，其毕竟只不过是一时性的热潮，即使韩流持续，其也不能根本性地改变两国关系。不过，由于韩流热潮，NHK 的韩字讲座教材发行量超过了 20 万册，对韩国或韩国语关心的人以及访问韩国的旅行者增加是确实的（在 2004 年，年度访韩旅行者数量[①]为创纪录的 244 万人）。

南北关系与阳光政策

进入 1990 年代初期，苏东解体、冷战结束，北朝鲜不仅在经济上而且在外交方面被迫面临孤立状态，朝鲜半岛终于开始呈现出紧张缓和的征兆。1991 年南北双方达成了以容忍相互的体制、继续进行以和平统一为目的的交流和协作为内容的“南北基本协议”，并且同时加入了以联合国为首的国际机构。原来还预定于 1994 年 7 月进行南北首脑会谈，但由于在即将会谈时金日成主席去世，预定的会谈被中止。

始于 1998 年的金大中政权提出了以经济援助为基础的包容北朝鲜的“太阳政策”。继而，又声明不会进行吞并北朝鲜形式的统一。进而，除了再次开启对北朝鲜的粮食、肥料等的援助之外，对民间

① 访韩旅行者数量：2003 年去韩国旅行者数量为 180 万人，2004 年为创纪录的 244 万人，与上一年度相比增加 35.5%（据平成 17 年版《观光白皮书》）。

企业对北朝鲜的投资给予了奖励。金大中政权对北朝鲜进行了粮食、肥料的援助，并向北朝鲜的名胜金刚山地区的韩国人旅游事业项目颁发了许可。上述政策取得了成效，2000 年 6 月 13 日到 15 日，金大中总统与金正日国防委员长进行了历史上首次南北首脑会谈，南北关系取得了新的进展。起初，首脑会谈原定于早一天的 6 月 12 日进行，但应北朝鲜的要求，会谈时间突然改为 13 日。金大中总统以“都等了数十年了，难道还不能等一天吗”的讲话平息了国内舆论的不安。

南北首脑会谈中，双方就缓和军事紧张局势、南北间经济交流、离散家属见面等问题达成了协议。同时还就金正日对首尔的回访问题以及南北铁路线连接的问题达成一致。同年 8 月 15 日南北离散家属重逢见面会举行，在国际比赛方面的南北体育交流、连接南北的京义线的连接事业项目等开启，南北和解氛围高涨。

由于南北首脑会谈的进行，金大中获得了诺贝尔和平奖。虽然金正日对首尔的回访未能实现，但是，离散家属重逢见面如期举行，而南北经济交流也在下一任总统卢武铉（1946 ~ 2009）政权时期被正式展开。

但是，会谈中达成一致的南北铁路连接事业项目被中断而未能完成。虽然南北首脑会谈给韩国人带来了统一的希望，但是，事情的发展未必会按照韩国人的意图展开。

尽管南北交流与合作取得进展，但其会怎么样推动朝鲜半岛的统一、又会如何推进东北亚紧张局势的缓解，尚不清楚。北朝鲜为了克服经济危机与外交孤立，对金正日体制进一步进行强化，并走上开发导弹、核武器等的新兵器的增强军备之路。南北交流与经济合作发展的同时，北朝鲜的核开发所导致的国际紧张与摩擦呈现出进一步激化的样态，这对于南北关系会带来什么样影响尚无法预先判断。

附录

王朝世系图

带圈的数字是王位继承顺位　年代数为在位年份

高句丽（高氏）

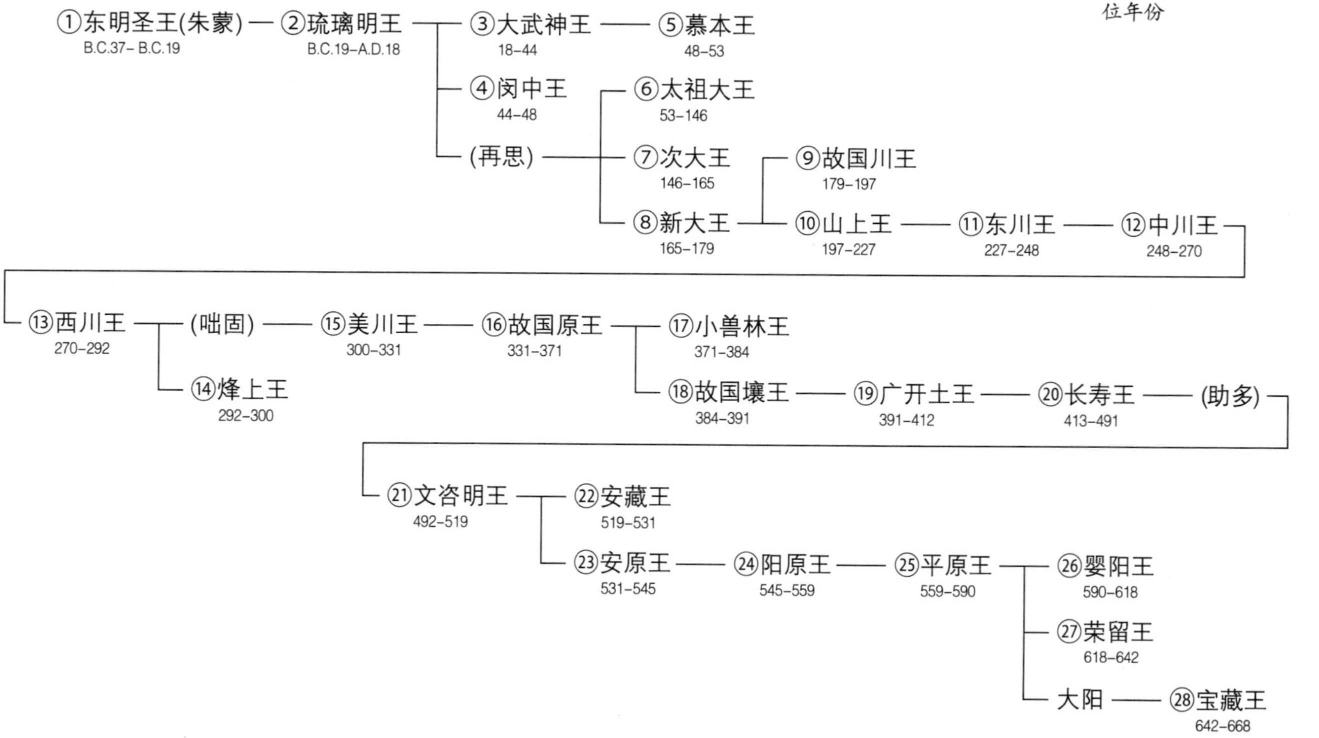

百济（扶余氏）

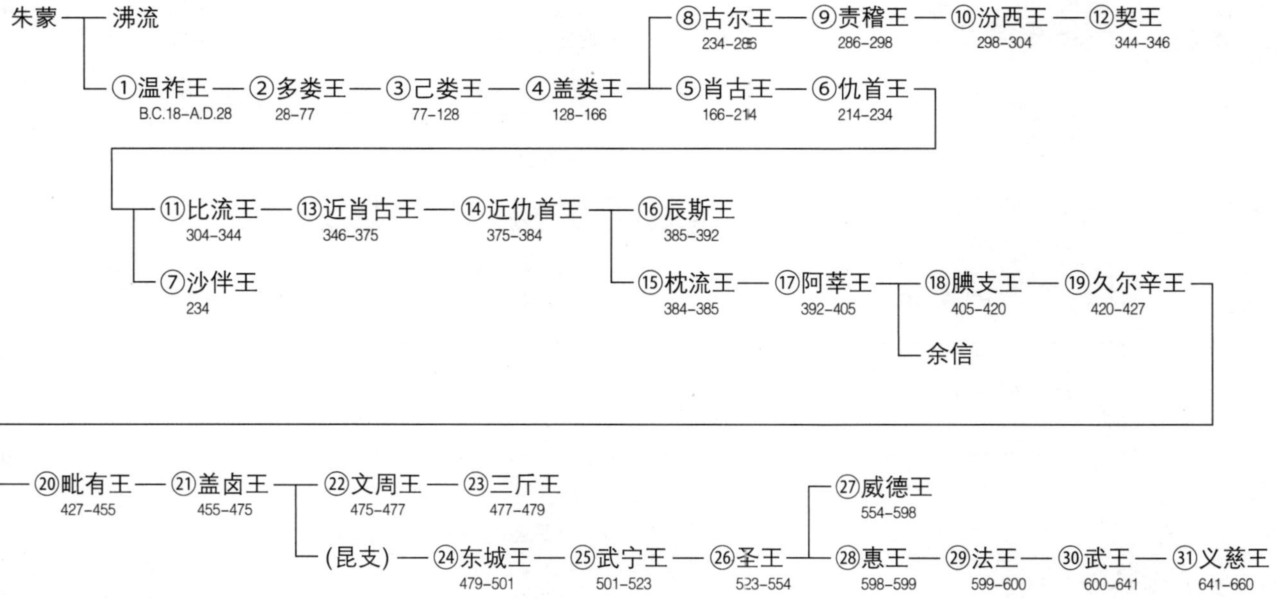
朱蒙
沸流
①温祚王
B.C.18-A.D.28
②多娄王
28-77
③己娄王
77-128
④盖娄王
128-166
⑧古尔王
234-285
⑨责稽王
286-298
⑩汾西王
298-304
⑫契王
344-346
⑤肖古王
166-214
⑥仇首王
214-234
⑪比流王
304-344
⑬近肖古王
346-375
⑭近仇首王
375-384
⑯辰斯王
385-392
⑦沙伴王
234
⑮枕流王
384-385
⑰阿莘王
392-405
⑱腆支王
405-420
⑲久尔辛王
420-427
余信
⑳毗有王
427-455
㉑盖卤王
455-475
㉒文周王
475-477
㉓三斤王
477-479
㉗威德王
554-598
(昆支)
㉔东城王
479-501
㉕武宁王
501-523
㉖圣王
523-554
㉘惠王
598-599
㉙法王
599-600
㉚武王
600-641
㉛义慈王
641-660

新罗(朴氏、昔氏、金氏)

* 是同一人。3 ~ 16 的王号为尼师今。17 ~ 21 的王号为麻立干。

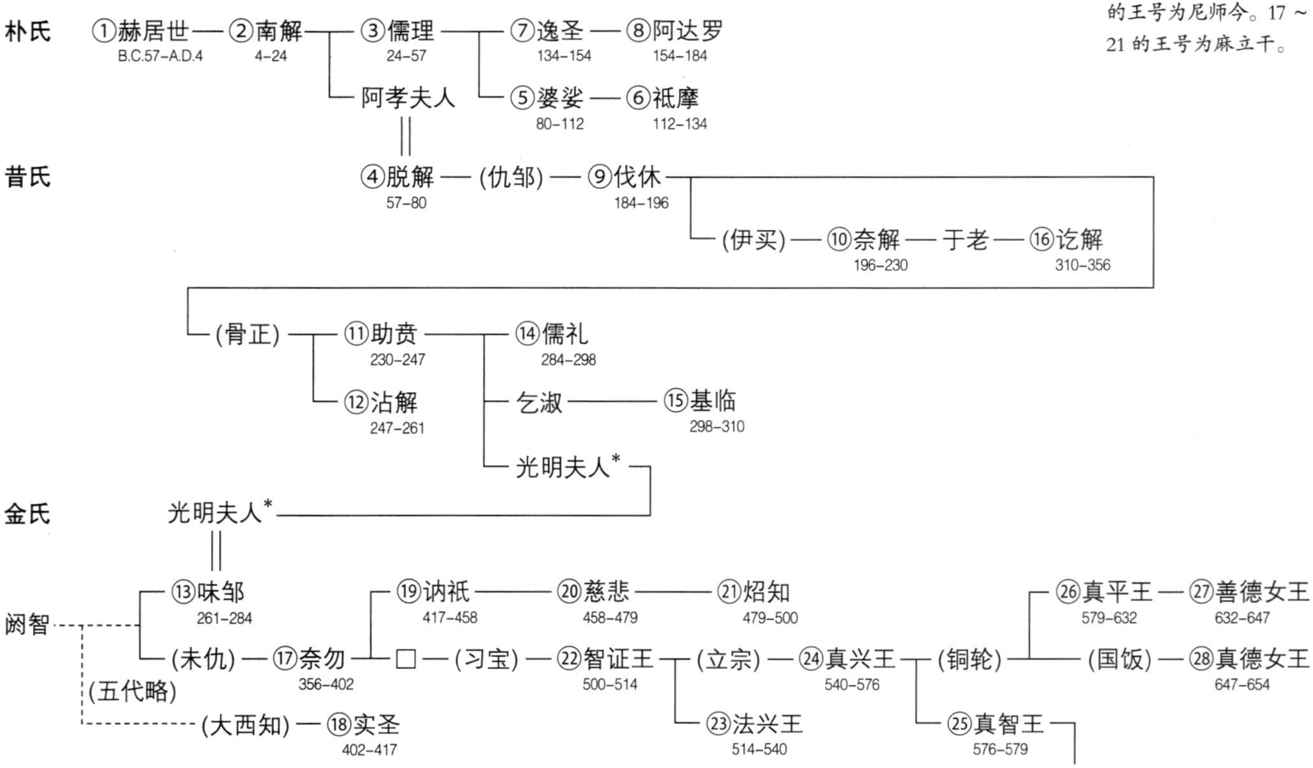

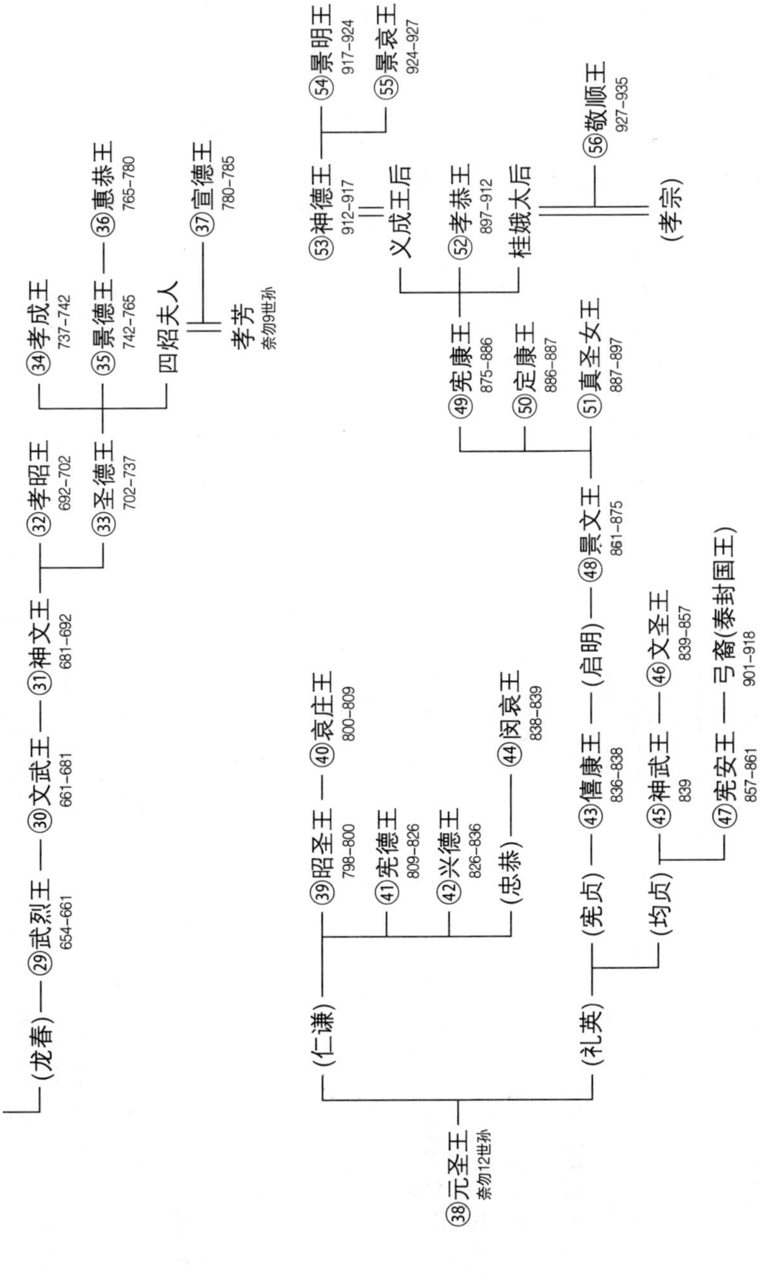
(龙春)
㉙武烈王
654-661
㉚文武王
661-681
㉛神文王
681-692
㉜孝昭王
692-702
㉝圣德王
702-737
㉞孝成王
737-742
㉟景德王
742-765
㊱惠恭王
765-780
四炤夫人
孝芳
奈勿9世孙
㊲宣德王
780-785
㊳元圣王
奈勿12世孙
(仁谦)
㊴昭圣王
798-800
㊵哀庄王
800-809
㊶宪德王
809-826
㊷兴德王
826-836
(忠恭)
㊹闵哀王
838-839
(礼英)
(宪贞)
㊸僖康王
836-838
(启明)
㊽景文王
861-875
(均贞)
㊺神武王
839
㊻文圣王
839-857
㊼宪安王
857-861
弓裔(泰封国王)
901-918
㊾宪康王
875-886
㊿定康王
886-887
(51)真圣女王
887-897
(52)孝恭王
897-912
义成王后
(53)神德王
912-917
(54)景明王
917-924
(55)景哀王
924-927
桂娥太后
(孝宗)
(56)敬顺王
927-935

南伽倻(金官伽倻)

①首露王 42–199 —— ②居登王 199–259 —— ③麻品王 259–291 —— ④居叱弥王 291–346 —— ⑤伊尸品王 346–407 —— ⑥坐知王 407–421 —— ⑦吹希王 421–451 —— ⑧铚知王 451–492 —— ⑨钳知王 492–521 —— ⑩仇衡王 521–532 —— 武力 —— 舒玄 —— 庾信

大伽倻(高灵伽倻)

①恼窒朱日 -------- ⑨异脑王 —— 月光太子 -------- ⑯道设知王 ? –562

渤海(大氏)

①高王(大祚荣) 698–719
- ②武王 719–737
  - ③文王 737–793
    - (宏临) —— ⑤成王 794–795
    - ⑥康王 795–809
      - ⑦定王 809–813
      - ⑧僖王 813–817
      - ⑨简王 817–818
  - ┈ ④(废王)元义 793–794
- (门艺)

(野勃) —— □ —— □ —— □ —— ⑩宣王 818–830 —— (新德)
- ⑪王(彝震) 830–858
- ⑫王(虔晃) 858–870 —— □ —— ⑬(玄锡) 870–892 —— ⑭(玮瑎) 892–906 —— ⑮(諲撰) 906–926

高丽（王氏）

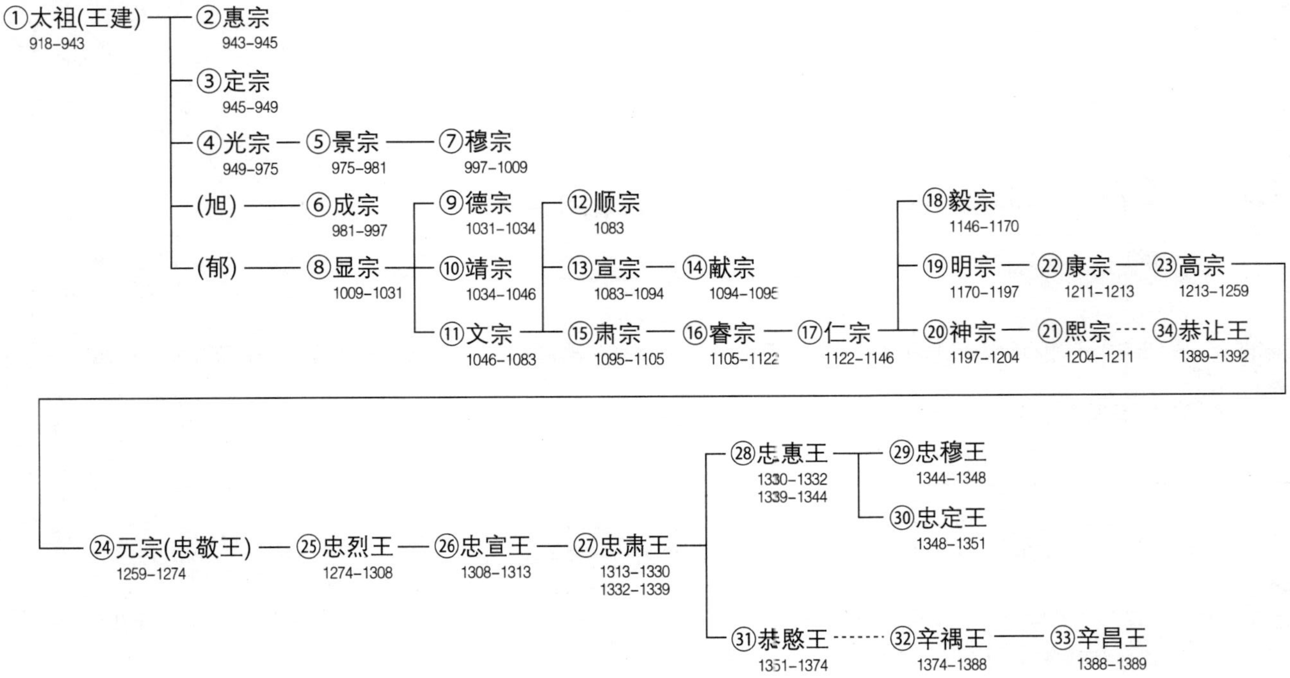

①太祖(王建)
918–943
②惠宗
943–945
③定宗
945–949
④光宗
949–975
⑤景宗
975–981
⑦穆宗
997–1009
(旭)
⑥成宗
981–997
(郁)
⑧显宗
1009–1031
⑨德宗
1031–1034
⑩靖宗
1034–1046
⑪文宗
1046–1083
⑫顺宗
1083
⑬宣宗
1083–1094
⑭献宗
1094–1095
⑮肃宗
1095–1105
⑯睿宗
1105–1122
⑰仁宗
1122–1146
⑱毅宗
1146–1170
⑲明宗
1170–1197
⑳神宗
1197–1204
㉑熙宗
1204–1211
㉒康宗
1211–1213
㉓高宗
1213–1259
㉞恭让王
1389–1392
㉔元宗(忠敬王)
1259–1274
㉕忠烈王
1274–1308
㉖忠宣王
1308–1313
㉗忠肃王
1313–1330
1332–1339
㉘忠惠王
1330–1332
1339–1344
㉙忠穆王
1344–1348
㉚忠定王
1348–1351
㉛恭愍王
1351–1374
㉜辛禑王
1374–1388
㉝辛昌王
1388–1389

朝鲜（李氏）

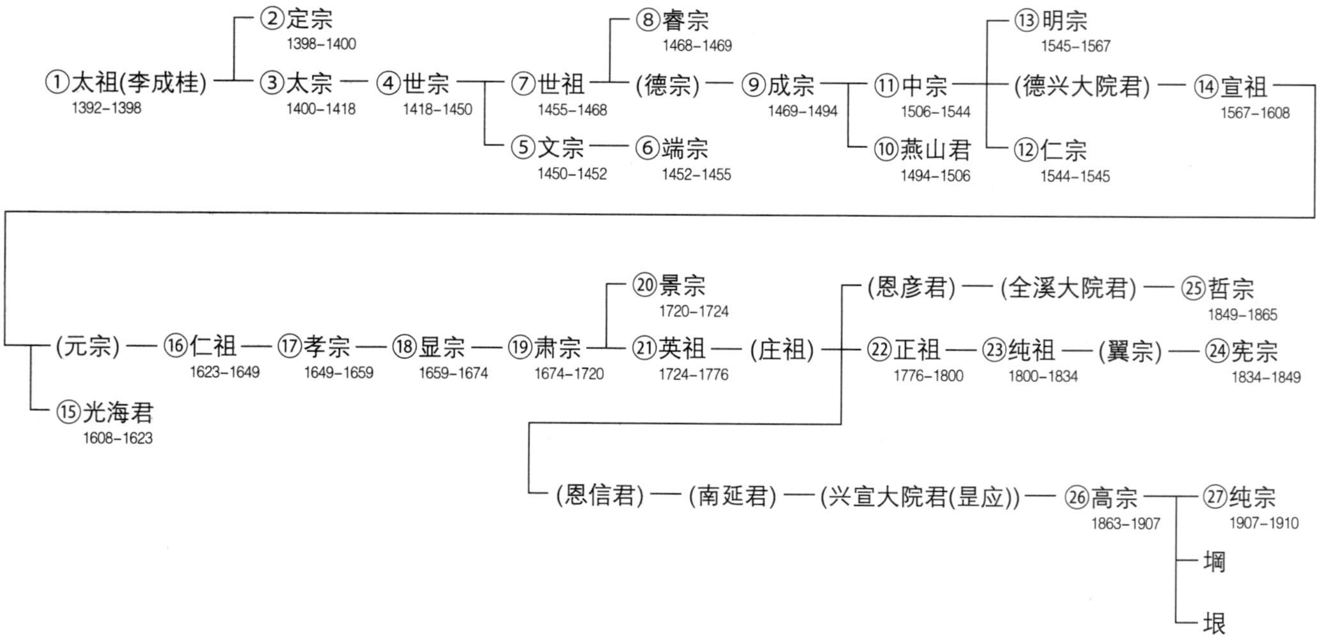
①太祖(李成桂)
1392–1398
②定宗
1398–1400
③太宗
1400–1418
④世宗
1418–1450
⑤文宗
1450–1452
⑥端宗
1452–1455
⑦世祖
1455–1468
⑧睿宗
1468–1469
(德宗)
⑨成宗
1469–1494
⑩燕山君
1494–1506
⑪中宗
1506–1544
⑫仁宗
1544–1545
⑬明宗
1545–1567
(德兴大院君)
⑭宣祖
1567–1608
(元宗)
⑮光海君
1608–1623
⑯仁祖
1623–1649
⑰孝宗
1649–1659
⑱显宗
1659–1674
⑲肃宗
1674–1720
⑳景宗
1720–1724
㉑英祖
1724–1776
(庄祖)
(恩彦君)
(全溪大院君)
㉕哲宗
1849–1865
㉒正祖
1776–1800
㉓纯祖
1800–1834
(翼宗)
㉔宪宗
1834–1849
(恩信君)
(南延君)
(兴宣大院君(昰应))
㉖高宗
1863–1907
㉗纯宗
1907–1910
堈
垠

韩日历史对照年表

朝鲜半岛		日本	
史前	大约 50 ~ 100 万年前　旧石器文化时代 公元前 8000 年左右　新石器时代 公元前 5000 年左右　栉纹陶器广泛使用 公元前 1300 年左右　无纹陶器被制作 公元前 1000 年左右　青铜器文化开始 公元前 10 ~ 8 世纪　开始水稻栽培	绳文时代	数十万年前　旧石器文化时代 公元前 5000 年左右　绳纹文化
部族联盟体社会	公元前 800 年左右　认为古朝鲜实际存在的主张比较有说服力 公元前 400 年左右　铁器文化普及 公元前 195 年左右　卫满成为古朝鲜之王，王都为王俭城 公元前 108 年左右　西汉灭掉卫氏朝鲜，设立乐浪郡、等四郡	弥生时代	公元前 400 年左右　弥生文化时期
	公元 150 年左右　马韩、弁韩、辰韩的势力变大 205 年　东汉设立带方郡 209 年　高句丽定都国内城		公元 57 年　倭奴国王　被光武帝赐予金印 239 年　倭之女王卑弥呼向魏派遣使节
三国时代	313 年　高句丽灭掉乐浪郡、带方郡 342 年　前燕进攻高句丽 371 年　百济进攻高句丽的平壤城，故国原王战死，百济迁都汉山城 372 年　佛教传入高句丽 391 年　高句丽 广开土王即位	古坟时代	

朝鲜半岛		日本	
三国时代	400年 高句丽出兵南部，讨伐倭寇	古坟时代	
	414年 高句丽建立广开土王碑		
	427年 高句丽迁都平壤城		
	433年 新罗百济同盟成立		
	475年 高句丽攻占百济的汉城，百济迁都熊津		
	503年 新罗定国号和王号。		
	520年 新罗颁布律令，确定百官官服		
	525年 百济建造武宁王陵		
	527年 新罗正式承认佛教		
	532年 新罗吞并南伽⊠的金官国		
	538年 百济迁都于泗⊠城（扶余）		538年 从百济传来佛教
	562年 新罗灭掉大伽⊠（高灵伽⊠）		
	586年 高句丽迁都长安城		593年 厩户皇子（圣德太子）摄政
		飞鸟时代	600年 开始派遣遣隋使
			604年 厩户皇子制定十七条宪法、施行冠位十二阶制
	612年 隋炀帝进攻高句丽（萨水之战）		607年 建立法隆寺
	642年 高句丽渊盖苏文掌握了权力		
	644年 唐宣布进攻高句丽（644～648）		630年 开始派遣遣唐使
	645年 高句丽在安市城之战中战胜唐朝		645年 大化改新
	660年 新罗与唐朝联合灭掉百济		
	663年 新罗与唐朝联军在白村江击败日军（白村江之战）		
	668年 新罗与唐朝联合灭掉高句丽		
			672年 壬申之乱发生
统一的新罗时代	676年 新罗统一三国		
	687年 新罗确立九州五京的郡县制		
	698年 大祚荣建立渤海国		
			701年 制定大宝律令
		奈良时代	710年 迁都于平城京
			727年 渤海使来朝
	788年 新罗设立读书三品科		794年 迁都于平安京

朝鲜半岛		日本	
统一的新罗时代	892年　甄萱建立后百济 896年　王建成为弓裔之武将	平安时代	804年　最澄、空海入唐 894年　停止派遣遣唐使
统一的新罗时代 / 高丽时代	901年　弓裔建立后高句丽 918年　王建赶走弓裔，建立高丽 926年　契丹灭掉渤海国 935年　新罗的敬顺王降于高丽，新罗灭亡 936年　高丽灭掉后百济，再次统一朝鲜半岛 956年　实施奴婢按检法 958年　实施科举制度 976年　实施田柴科制度 993年　契丹进攻高丽	平安时代	
高丽时代	1009年　康兆政变 1019年　姜邯赞大破契丹军（龟州之战） 1126年　发生李资谦之乱 1135年　发生妙清之乱 1145年　金富轼编纂《三国史记》 1170年　郑仲夫等武臣夺取政权 1196年　崔忠献夺取武臣政权（1196～1258）	平安时代	1019年　刀伊（女真族）之入侵 1156年　保元之乱 1159年　平治之乱 1167年　平氏盛极一时，平清盛任太政大臣 1185年　平氏灭亡
高丽时代		镰仓时代	1192年　源赖朝任征夷大将军
高丽时代	1231年　蒙古进攻高丽 1232年　崔氏政权迁都江华岛 1236年　高丽大藏经开始制作 1258年　崔氏政权倒台	镰仓时代	1219年　北条氏的执权政治开始 1221年　承久之乱 1232年　制定贞永式目

朝鲜半岛		日本	
高丽时代	1259年 高丽王朝降服于蒙古	镰仓时代	
高丽时代	1270年 武臣政权结束，再次迁都于开城。三别抄的战斗开始	镰仓时代	
高丽时代	1274年 蒙古军与高丽军进攻日本	镰仓时代	1274年 文永之役
高丽时代	1281年 蒙古军与高丽军再次进攻日本	镰仓时代	1281年 弘安之役
高丽时代	1356年 恭愍王开始反元运动	镰仓时代	1333年 镰仓幕府灭亡
高丽时代	1388年 李成桂在威化岛率军返回，夺取政权（威化岛回军）	室町时代	1338年 室町幕府成立
高丽时代	1392年 李成桂即王位，高丽王朝灭亡	室町时代	
朝鲜时代	1393年 将国号定为朝鲜	室町时代	
朝鲜时代	1394年 将汉阳定为都城	室町时代	
朝鲜时代	1402年 实施号牌法	室町时代	
朝鲜时代	1418年 世宗即位	室町时代	
朝鲜时代	1443年 创制训民正音（韩字）	室町时代	
朝鲜时代	1453年 首阳大君篡夺王位	室町时代	1467年 应仁之乱发生(1467～1477)
朝鲜时代	1469年 《经国大典》完成	室町时代	
朝鲜时代	1498年 戊午士祸	室町时代	
朝鲜时代	1510年 三浦之乱发生	室町时代	
朝鲜时代	1545年 乙巳士祸	室町时代	1543年 葡萄牙人漂至种子岛（火绳枪传入）
朝鲜时代		室町时代	1549年 沙勿略来日
朝鲜时代		室町时代	1573年 室町幕府灭亡
朝鲜时代	1575年 东人派与西人派的对立（党争的开始）	室町时代	
朝鲜时代		安土桃山时代	1590年 丰臣秀吉统一全国
朝鲜时代	1592年 壬辰倭乱（文禄之役）发生	安土桃山时代	
朝鲜时代	1597年 丁酉再乱（庆长之役）发生	安土桃山时代	

朝鲜半岛		日本	
			1600 年　关原之战
			1603 年　江户幕府成立
朝鲜时代	1607 年　与日本恢复邦交	江户时代	
	1608 年　光海君即位，北人派政权成立，大同法在京畿道实施		
	1609 年　与日本缔结己酉条约		
	1610 年　《东医宝鉴》完成		
	1627 年　丁卯胡乱（后金军入侵）		
	1636 年　丙子胡乱 、对清朝贡		
	1645 年　昭显世子从清朝带回天主教书籍、科学书籍等		
	1674 年　甲寅礼讼发生，南人派政权成立		
	1680 年　西人派政权成立（庚申换局）		
	1689 年　己巳换局，从西人派政权再次转为南人派政权		
	1694 年　甲戌换局，西人派再次掌握政权		
			1716 年　享保改革
	1725 年　老论派政权成立 荡平策实施		
	1727 年　丁未换局，少论派政权成立		
	1750 年　均役法被实施		
			1772 年　老中田沼意次的田沼时代开始
			1782 年　天明大饥馑(1782 ~ 1787)
	1784 年　李承薰在北京接受洗礼后归国，进行传道		
	1786 年　西学被禁止		
			1787 年　宽政改革

朝鲜半岛			日本		
朝鲜时代	1801年	辛酉迫害（辛酉邪狱）	江户时代		
	1811年	洪景来之乱			
				1825年	发布异国船扫荡令
	1832年	英国船阿姆伯斯特号来到朝鲜，要求通商			
				1837年	大盐平八郎之乱
	1839年	己亥条约			
				1853年	佩里来到浦贺
				1854年	日本和亲条约缔结
				1856年	哈里斯来日
				1858年	日美修好通商条约缔结
				1859年	安政大狱
	1860年	崔济愚创立东学			
	1863年	高宗即位，大院君掌握政权			
	1866年	丙寅邪狱，舍门将军号事件			
			明治时代	1867年	大正奉还、王政复古
				1868年	戊辰战争、明治维新
	1871年	辛未洋扰、美国舰队进攻江华岛			
	1873年	大院君政权倒台，闵氏政权成立			
	1875年	江华岛事件，“云扬”号进攻江华岛			
	1876年	《江华条约（日朝修好条约）》签署，釜山港开港		1876年	《日朝修好条约缔结》
				1878年	西南战争
	1882年	壬午军乱			
	1884年	甲申政变			
				1889年	《大日本帝国宪法》发布
	1894年	甲午农民战争开始		1894年	日清战争（1894～1895）
	1895年	闵妃被杀害事件（乙未事变）		1895年	《日清讲和条约（马关条约）》缔结、三国干涉还辽
	1896年	义兵兴起，露馆播迁，独立协会成立			
	1897年	国号改为大韩帝国			

朝鲜半岛		日本	
大韩帝国时代		明治时代	1902年　日英同盟成立
	1904年　日俄战争爆发。《第一次日韩协约》签署		1904年　日俄战争爆发
	1905年　《第二次日韩协约签署》		1905年　《日俄讲和条约（朴茨茅斯条约）》缔结
	1906年　日本设置韩国统监府		
	1907年　海牙密使事件、高宗退位 第三次日韩协约签署		
	1909年　安重根在哈尔滨车站射杀伊藤博文		
日本殖民地时代	1910年　《关于韩国合并的条约》签署 日韩合并，设置朝鲜总督府	大正时代	1914年　第一次世界大战参战
	1919年　高宗死去，“三·一”独立运动扩展 大韩民国临时政府成立		
	1920年　《朝鲜日报》《东亚日报》创刊 独立军在青山里的战斗中取得胜利，珲春事件		1923年　关东大地震
	1925年　朝鲜共产党成立		1925年　治安维持法实施
	1926年　“六·一O”万岁运动	昭和时代	
	1827年　新干会成立		
	1928年　在上海，李东宁、金九等人成立韩国独立党		
	1929年　元山工人总罢工，光州学生运动		
	1931年　万宝山事件		1931年　满洲事变
			1932年　满洲国建国，“五·一五”事件
			1933年　退出国际联盟
	1936年　日章旗抹消事件		1936年　“二·二六”事件
	1938年　废止朝鲜语教育		1938年　国家总动员法实施
	1939年　国民征用令发布		
	1940年　实施创氏改名，强化皇民化教育		

朝鲜半岛		日本	
日本殖民地时代		昭和时代	1941年　偷袭珍珠港 太平洋战争爆发
	1942年　内阁会议决定实施征兵制，朝鲜语学会事件		
	1944年　发表学生军事教育要纲，实施学生动员非常措施法，实施全面征用		
大韩民国	1945年　从日本殖民统治下获得解放 吕运亨等建立建国准备委员会 在莫斯科召开三国外长会议		1945年　战争结束，接受波茨坦宣言
			1946年　日本国宪法颁布
	1947年　联合国大会通过在联合国监督下进行朝鲜总选举案		
	1948年　济州岛人民暴动，大韩民国成立 朝鲜民主主义人民共和国成立		
	1950年　朝鲜战争爆发，北朝鲜人民军南进、联合国军在仁川登陆，中国人民志愿军参战		
	1951年　人民军再度占领首尔，联合国军夺回首尔		1951年　旧金山和平条约、日美安全保障条约签署
	1953年　朝鲜战争停战协定签署		
	1960年　“四·一九”学生革命、李承晚总统下台		
	1961年　“五·一六”军事政变，朴正熙掌握政权		
	1963年　朴正熙当选总统		
	1965年　日韩基本条约签署 内阁会议决定出兵越南		1965年　日韩基本条约签署
	1967年　“五·三”选举中朴正熙再次当选总统		
	1968年　武装特工侵入首尔，普韦布洛号事件		
	1969年　为了总统能够三次连任，强行修改宪法		

	朝鲜半岛		日本
大韩民国	1970年　新村运动开始	昭和时代	1970年　大阪万国博览会
	1971年　“四·二七”选举中朴正熙险胜候选人金大中		
	1972年　南北共同声明，通过维新宪法，朴正熙第四次当选总统		1972年　归还冲绳
	1973年　金大中事件		1973年　石油危机
	1974年　文世光事件、陆英修总统夫人死亡		
			1978年　日中和平友好条约签署
	1979年　YH工会事件，朴正熙总统被射杀事件 全斗焕等通过肃军政变掌握实权		
	1980年　光州事件		
	1981年　全斗焕就任总统		
	1982年　日韩间发生教科书问题		
	1983年　离散家属运动，大韩航空飞机被击落事件 仰光事件		
			1984年　全斗焕总统访日
	1985年　南北经济会谈、红十字会会谈，相隔四十年后故乡访问团访问首尔和平壤		
	1987年　首尔大学生朴钟哲被拷打致死事件 “六·二九”民主化宣言		
	1988年　卢泰愚就任总统，首尔奥运会		
		平成时代	1989年　昭和天皇驾崩
	1990年　卢泰愚总统访日，韩国与苏联建交		
	1991年　大韩民国与朝鲜民主主义人民共和国同时加入联合国		1991年　苏联总统戈尔巴乔夫访日
	1992年　韩国与中国建交		

<table>
<tr><th colspan="2">朝鲜半岛</th><th colspan="2">日　本</th></tr>
<tr><td rowspan="2">大韩民国</td><td>1993 年　金泳三就任总统，文人政府诞生
金融实名制度实施
1994 年　金日成主席去世
1995 年　原朝鲜总督府官衙建筑开始拆除，原总统全斗焕、上任总统卢泰愚被以叛乱罪逮捕，翌年被判决有罪
1997 年　IMF 货币危机
1998 年　金大中就任总统</td><td rowspan="2">平成时代</td><td>1995 年　阪神、淡路大地震
地铁沙林事件</td></tr>
<tr><td>2000 年　金大中总统访问平壤，与金正日国防委员长进行首次南北首脑会谈
2002 年　日韩共同举办世界杯足球赛
2003 年　卢武铉就任总统</td><td></td></tr>
</table>